利益を最大にする
最強の経営計画

GREATEST
MANAGEMENT
PLAN

株式会社 武蔵野
代表取締役社長
小山 昇
Noboru Koyama

KADOKAWA

はじめに

「経営計画」がすべてを変える！

社長就任時は7億円だった売上が、現在は約66億円に！

私が「株式会社武蔵野」の社長に就任したのは、バブル絶頂期の１９８９年です。

当時の武蔵野は、天下に隠れもない猛者《もさ》ぞろいでした。幹部16人中、正社員で入社したのは、わずか２人。残りの14人は、腰掛けのアルバイトです。

学歴も高くて（笑）、大卒が２人、中卒が２人。残りの12人は高卒ですが、大卒に近い高卒ではなく、いずれも、「かぎりなく中卒に近い高卒」です。中卒の２人が部長と課長を務めるというレベルの高さでした。

しかも、幹部16人中5人は、元暴走族でした。特攻隊長、親衛隊長、遊撃隊長といった役職付きのツワモノです（笑）。

彼らが得意なのはクルマの運転くらいで、「運転が好きだから」の理由で入社した社員もいます。

経営サポート事業部の久木野厚則は、入社23年目の社員です。彼が武蔵野の面接に来たとき、わが社の現実に目を疑った。なぜなら、

「お掃除の会社（ダスキン）とは思えないくらい、社屋《しゃおく》が驚くほど汚かった」

「玄関脇でタバコを吸っていた5～6人の社員（不良？）が、こちらをジロリと睨《にら》みつけてきた」

「全員の頭に、尋常《じんじょう》じゃないほど深い剃《そ》り込みが入っていた」

からです。

かつての武蔵野は、いつ潰れてもおかしくない「落ちこぼれ会社」でした。仕事に対する誇りもなく、不正が横行《おうこう》し、ご近所からも疎《うと》まれていました。

しかし、現在は違います。赤字続きのボロ会社は、「日本経営品質賞」(日本生産性本部が創設した企業表彰制度)を2度受賞する優良企業に変わりました。

社長就任時は7億円だった売上高は約66億円にまで伸びていて、増収増益が続いています。

なぜ武蔵野は変わったのでしょうか?

どうして、増収増益が続いているのでしょうか?

その理由は、**「経営計画書」をもとに社員教育を徹底し、「社長と、社員の価値観をそろえること」に注力したから**です。

★「経営計画書」……方針・数字・スケジュールを1冊の手帳にまとめたもの。社員が「どう行動すればいいのか」に迷ったら、「経営計画書」が道《みち》標《しるべ》となる。

経営計画の勉強は「居酒屋」で行うのが正しい

１９９１年には、社員教育を「年間３００時間」行いました。社員の多くは反発し、ブーイングの嵐でした。

そこで私は、彼らに勉強をさせるために、「お酒で釣る」という作戦を思いついた。経営計画の勉強会を「居酒屋」で行うことにした。

かつて、武蔵野の本社近くに、「サンカク」という焼き鳥屋さんがありました。給料日の1週間前に、社員をサンカクに連れていきます。給料日前でお金がない彼らは、「タダでお酒が飲める」という不純な動機でついてきます。

ただし、「私の質問に正解しなければ、ビールを飲むことも、焼き鳥を食べることもできない」のルールがありました。

私が「経営計画書」の一文を読み上げて「これはどういうことか?」と質問をする。質問に答えると、社員はビールと焼き鳥にありつける。

ですが、わが社の社員は優秀（！）で、ひとりの例外なく、答えられません。そこで彼らは、「ちょっとトイレに行っていいですか?」と言って、席を立ちます。トイレの中で「経営計画書」を盗み見て（カンニングして）、すっきりした顔で戻ってきて、「小山さん、今、思い出しました！　さっきの質問の答えは、○○○○です！」とドヤ顔で答える。もちろん私はすべてお見通しですが、「正解！　よくできた！　よし！　飲め！　食え！」と言うと、他の社員もこぞってトイレに行きはじめます（笑）。

私も若いころは、給料日の2週間前から、ほとんどお金がない状態でした。会社近くの吉祥寺の町に寄付していたからです（笑）。

お金がないから、生活ができない。だから私は、不純な動機で仕事を一生懸命やりました。遅くまで会社に残って、「上司が食事に連れて行ってくれるまで」しつこく仕事を続けました。

上司も徐々にわかってきて、「こいつが帰らないとオレも帰れない」ことに気づき、「じゃあ、食事に行こう」と声をかけてくれた。動機は不純でもいいのです。

歌舞伎町で、伝説の焼酎と呼ばれる「森伊蔵《もりいぞう》」を飲みながら勉強をしたことも、原つぱで勉強をしたことも、公園で蚊に刺されながら勉強をしたこともある。

どこでも、ここでも、あそこでも。**ありとあらゆるところで勉強をした結果、社員の意識が変わり、行動が変わり、業績が変わった。**

赤字の社長は、確固たる目標がない

武蔵野が経営指導をしている経営サポートパートナー会員は、現在７００社あり、４００社が過去最高益。**倒産は、ゼロ。**

変化の激しいこの時代に、多くの社長が利益を最大化することができたのは、

「目標を紙に書いている」＝「経営計画書を作成している」

からです。

赤字の社長の多くは、確固たる目標がありません。「利益を出したい」と頭では思っているものの、

- **「いくら利益を出したいのか」（数字）**
- **「いつまでに利益を出したいのか」（期日）**
- **「利益を出すために何をすればいいのか」（方針）**

が決まっていません。

目標を明確化できていないのは、「紙」に書いていないからです。目標を紙に書くと、それに沿って行動するようになる。優先順位が決まるため、行動も判断も的確になります。経営は判断の連続ですが、目標のない選択を「気まぐれ」と言います。

経営は、逆算が基本です。最初に利益目標を定め、その実現手段を逆算して考えなければ、目標に到達し利益を最大化することは不可能です。

数字と期日を紙に書くと、人はそれに向かって走りだす

私は以前、荻窪駅近くに建つ「25坪」の家に住んでいました。ある年のお正月にリビングでお酒を飲んでいると、妻がこんなことを言った。

「お父さん、もっと広いおうちに住もうよ」

ほろ酔いで気分良くなっていた私は、

「まかせなさい！　5年以内に今の倍の家を建ててあげるから！」

と、いい加減な返事をした。根拠はありません。デタラメです。すると、妻は、

「口約束は信用できないから、紙に書いて！」

と言う。私は妻に言われるまま、「5年以内に、今の倍の家を建てます。小山昇」と紙に書いて、実印を押しました。ようするに私は、5年後の目標を示したわが家の「経営計画書」を書かされたわけです。

酔いが覚めたとき、この「経営計画書」のことはすっかり忘れていました。私だけではありません。わが家の王様（妻）の、近くで見ていた娘も忘れていました。

ところが、3年後にこの「経営計画書」が見つかったとき、私はすでに25坪の倍、「50坪」の新居に引っ越していたのです。

デタラメでもいい。根拠がなくてもいいから、数字と期日を紙に書く。人は不思議なもので、**たとえデタラメであっても、数字と期日を紙に書くと、それに向かって走りはじめます。**

武蔵野の「経営計画書」には、5年先の目標を記した「長期事業構想書」が掲載されています。私は、「長期事業構想書」を「夢への挑戦」と位置付けています。

47期38億円の売上で48期「長期事業構想書」の「要員計画」の項目の中に、

「部長職以上は、資金運用計画か、セミナー講師を行う」

という一文が明記されています。何の根拠もなく書いた一文です。

私は内心、「中卒にかぎりなく近い高卒社員を講師にしたら、お客様から詐欺で訴えられるのではないか」と心配でした。

ですが、その心配は杞憂《きゆう》に終わった。5年もたたないうちに、部長職以上の全員が

「講師」として活躍しています。

わが社の「中卒にかぎりなく近い高卒社員」は、今では、大卒や大学院を修了したお客様（経営サポートパートナー会員）から、「先生」と呼ばれている。

「経営計画書」は魔法の書。書いたらその通りになる

経営サポートパートナー会員の多くは、声をそろえて、こう言います。

「〈経営計画書〉は魔法の書。なぜなら、書いたらその通りになるから」

書いたら、その通りになる。

つくると、その通りになる。

それが、「経営計画書」の力です。

第26期と第27期の武蔵野の「経営計画書」は、「炎のように熱く、燃えるような情熱を持って仕事をしてほしい」という思いを込め、表紙を「紅色（赤色）」にした。

その結果、どうなったと思いますか？

びっくりするほど会社が真っ赤（大赤字）になりました。本当の話です。それからは、表紙の色も、印刷する文字の色も、「黒」にこだわっています。

武蔵野だけではありません。経営サポートパートナー会員の「株式会社本村」（印刷）も、「株式会社ヒカリシステム」（アミューズメント）も、「経営計画書」に「赤色」を使ったとたん、赤字になりました。

武蔵野の「経営計画書」には、「クレームに関する方針」があります。「株式会社さんびる」（ビルメンテナンス）の田中正彦社長は、「お客様からのクレームは、会社を改善するヒント。クレームがあるのはラッキーなこと」と考えた。そして、「クレームに関する方針」を「ハートコールに関する方針」に変えた。それが裏目に出ます。社長の思惑は外れ、会社は赤字になった。

第42期に計画した長期経営目標とその後の実績

（単位：百万円）

第47期経営目標（5年後の目標）	
売上高	5,740
粗利益	3,513
営業利益	300
経常利益	300

↓

第47期実績（5年後）	
売上高	3,739
粗利益	2,515
営業利益	138
経常利益	130

↓

第52期実績（10年後）	
売上高	5,459
粗利益	3,691
営業利益	340 → 10年後に達成
経常利益	327 → 10年後に達成

たしかにクレームは、会社を良くする宝の山です。ですが、お客様にしてみれば、決して愉快なことではありません。クレームを出したのは、社長の責任です。そのような発想でいるかぎり、お客様第一主義で経営の舵《かじ》を取り続けることはできない。だから赤字になった。「クレームに関する方針」に戻したら黒字に戻った。

私はこれまで、「経営計画書」に「根拠のない、デタラメな目標」をたくさん書いてきました。「変なことを書いてしまった。どうしてこんなことを書いてしまったのか」と後悔することもある。しかし、「いついつまでにやる」と、期日まで決めているので、あとには引けない。

42期の計画（13ページ）は5年後売上57億4千万円、経常利益3億円です。42期（当期）の売上34億4千万円、経常利益3千4百万円で、この計画は無謀です。

紙に書いて発表した以上、それに沿って行動しなければならない。だから、行動が変わり会社が変わる。

10年後、売上はほぼ、経常利益は達成した。

「経営計画書」は、なぜ「魔法の書」と呼ばれているのでしょうか？

数字や方針を「紙に書く」と、なぜ、その通りになるのでしょうか？

本書では、武蔵野の「経営計画書」を題材に、**高収益体質の会社をつくるための「考え方」と「やり方」**を公開します。

本書がみなさまのお役に立てることを願っています。

株式会社武蔵野　代表取締役社長　小山昇

利益を最大にする最強の経営計画　目次

Contents

Contents

第2章

絶対に会社を潰さない「利益計画」の立て方

第3章

利益を最大化する「経営計画書」のつくり方

装丁／井上新八
本文デザイン・DTP／斎藤 充（クロロス）
編集協力／藤吉 豊（クロロス）

第1章

「経営計画書」は、「立派な会社」をつくる道具

「経営計画書」は、「方針」と「数字」を明文化した会社のルールブック

会社経営に必要な「3つ」の要素

私たちが野球を見て楽しめるのは（あるいは、自分でプレーできるのは）、

- 「ルール」がわかっているから
- 「スコアボード」があるから
- 「道具」があるから

です。

もし基本的な「ルール」や用語を知らなければ、「なぜ得点が入ったのか」「どうすれば攻守が入れ替わるのか」「どのようなプレーが禁止されているのか」もわからないまま、ゲームが進んでいくのを眺めているだけです。

もし、東京ドーム球場に「スコアボード」がなかったら、「何対何で、どちらのチームが勝っているのか」「あと何点取れば、逆転できるのか」がわかりません。「5回の裏に2点得点した」といった途中経過（プロセス）が見えるから、その後のゲーム展開やチーム戦術を理解できるわけです。

もし、「道具」がそろっていなかったら、選手は試合に臨むことも、練習をすることもできません。

「ルール」も「スコアボード」も「道具」もないのに、それで「野球をやろう」というのは無理な話です。

私は、「経営にも、この3つの要素が必要である」と考えています。この「3つ」がないのに「経営をやる」のも、無理な話です。

【会社経営に必要な3要素】

①会社の「ルール」（規則・規定／方針など）

②目指すべき明確な「数字」「スコアボード」（事業構想／経営目標／利益計画など）

③「ルール」と「数字」を明文化した「道具」

この3つを持たない会社は、進むべき道筋が見えず、その場しのぎの経営に陥ってしまいます。

会社経営において、「ルールブック」と「スコアボード」の役割を果たすのが、「経営計画書」です。

★「経営計画書」は、会社の「ルールブック」

「ルール」とは、社員が守るべき「方針」です。

私は「人間心理を無視して経営をしてはいけない」と考えています。

社員は、「面倒なことはやらない」「都合の悪いことはやらない」のがまとも（当たり前）です。

だとすれば、面倒なことでも、都合の悪いことでも、やらざるを得ない「ルール（＝方針）」を決定するのが社長の務めです。

武蔵野では、クルマの運転のしかた、タクシーの乗り方、道の覚え方までルールを定め、「経営計画書」に明記しています。

★「経営計画書」は、会社の「ルールブック」と「スコアボード」

「ルールブック」と「スコアボード」は、「会社の現状（実績）」と「会社の行き先（目標）」を数字で表現したものです。

社長は社員に対して「がんばれ」と言うが、「がんばれ」の言葉は抽象的で、社員からしてみたら、「何を、どうがんばればいいのか」がわかりません。

「うちの会社はこういう〈ルール〉で仕事をしますよ。目標の利益はこれくらいですよ」「だから、こういうふうにがんばってくださいね」という説明もせずに、社員に行き当たりばったりの仕事をさせるから、不満が蓄積するし、成果も出ない。
自分たちのチームが何点取っているのか、「0対0だから先制点を取るのか」「1対0で勝っているから逃げ切るのか」「0対1で負けているから逆転を狙うのか」「スコア（数字）」や「ルール」がわからなければ、がんばらない社員がまとも（当たり前）です。

したがって社長は、**「今期はいくら利益を出したいのか」「5年後はいくら利益を出すのか」といった目標を数字で表現する**ことが大切です。

目標とする数字から逆算して考えると、「その数字を達成するために、何をやらなければならないのか（何をやめなければならないのか）」「現時点で、自社にできていること、できていないことは何なのか」といった会社の現状が明らかになります。

口約束は守られない。紙に書かなければ、人は実行しない

実行すべき「方針」と守るべき「ルール」を「紙」に書く

社長が口頭で、「タクシーを使うときは、個人タクシーに乗れよな」と社員に伝えると、社員は、「はい」と返事をします。

けれど、「はい」と返事をしたからといって、ルールが実行されるわけではありません。社員の「はい」は「実行します」という意味でなく、「聞こえました」という意味です。

そこでわが社では、
「サービステリトリー内でタクシーを利用するときは、地元のタクシーか、個人タクシーに乗ってください。地元のタクシーは裏道をよく知っているし、工事中や知らない道を知ることができます」
と「経営計画書」に明記しています。**「口約束は守られない。紙に書かなければ、人は実行しない」**。これが人間心理です。

また、紙に書かないと、社長の決定が正しく社内に伝わりません。普通の会社は、社長→専務→部長→課長→主任→一般社員と話が降りていく途中で、伝言ゲームのように少しずつ、内容が変わってしまう。

話し言葉は、あいまいです。あいまいなので、人それぞれ解釈のしかたが微妙に変わる。

上司が部下に「早くこの仕事を終わらせろ」と指示を出したとき、「早く」の解釈は人によって異なります。

「1週間前」も「早く」て、「1日前」も「早く」て、「1時間前」も「早い」。上司Aにとっての「早く」が「1日前」で、部下Bにとっての「早く」が「1時間前」としたら、部下Bは「早く仕事を終わらせた」つもりでも、上司Aに「遅い」と評価されます。

こうした食い違いをなくすためには、言葉の解釈や定義を「紙」に書いておく必要がある。

とくに女性は、上司によって指示が違ったり、方針がその都度変わったりすることを嫌がります。女性は、男性よりも、「守る能力」を持っている。母親が子どもを育てることができるのも、守る能力が高いからです。

また、男性は次から次へと新しい変化を求めますが、女性は違います。変化することよりも、「決められたことを、決められた通りに実行する」「最後まで、根気よく続ける」ことが得意です。

だから、紙に書く。**紙に書けば、「守るべきこと」が明確になります。紙に書けば、**

ブレません。

武蔵野では、実行すべき方針や守るべきルールが「経営計画書」に書いてあるため、誰が、どこで、いつ読んでもブレがなく、確実に同じ方向で仕事をすることができます。

キリスト教は、どうしてあれほど世界的に広がったのでしょうか？

私は、「キリスト教には、〈聖書・経営計画書〉があったからだ」と解釈しています。

一般的に教会には、キリスト生誕にまつわる絵画が飾られており、飾られた絵画を順番に説明していくと「キリスト教の教え」がわかるようになっています。

つまり、飾られた絵画は、「経営計画書」にたとえることができる。

口伝《くちづた》えに教えるだけでなく、書き残した。だから民衆に、キリスト教を教えていくことができたのではないでしょうか。

「株式会社三井開発」(排水処理・廃棄物収集)の三井隆司社長は、「経営計画書」を「自社の宝物」だと位置付けています。

「2013年の夏だと思いますが……、まだ経営サポートパートナー会員になる前に、一度、武蔵野さんのセミナーに参加したことがありました。〈経営計画書〉をテーマにした2~3時間程度のセミナーで、参加者には武蔵野さんの〈経営計画書〉の抜粋版がもらえたんです。

私は、『それをもらって、あとは自分で勝手につくろう』と思ったのですが、〈経営計画書〉を見た瞬間、『これは自分ではつくれない!』とあきらめて、『実践経営塾』(経営者を対象としたセミナー)に申し込むことにしたんです。

今までは、『紙』に書くことはしていなかったので、利益目標を口頭で伝えて終わりです。ですが、紙に書いたことで、〈ルールブックとスコアボード〉ができました。『今期はいくら利益を出すのか』といった数字が目に見えることで社内に統一見解ができて、社員が動きやすくなったと思います」(三井隆司社長)

会社で発生するすべてのことは社長の責任である

「経営計画書」に、責任の所在を明確にしておく

多くの会社は、クレームがトップの耳に届くしくみになっていません。社長に届かない理由は、クレームを発生させた社員の責任を問うからです。

クレームを発生させた社員に降格や減給などの処分を与える会社では、社員は自己保身に走ってクレームを隠します。だから、現場の判断で場当たり的な対応をして、事態をますます悪化させてしまう。

ところがわが社は、クレームを隠す社員はほとんどいません。

なぜなら、「経営計画書」に「クレームに関する方針」を明記して、「クレームを発生させた責任はすべて社長の小山昇にある」と定義しているからです。

私は常々、

「電信柱が高いのも、郵便ポストが赤いのも、夏が暑いのも、冬が寒いのも、小山昇の責任である」

と口にしています。

クレームを招いた事業を決定したのは社長の責任であり、クレームを発生させかねない社員に担当させたのも社長の責任であり、クレームが起きる商品を扱ったのも社長の責任です。

社員の責任は、一切問いません。給与の減額もしないし、降格人事もしない。

ただし、**クレーム発生の「報告を怠った社員」については、その責任を追及する。**それが、「経営計画書」に記載された武蔵野のルールです。

「グリーン司法書士法人」（司法書士）の山田愼一代表は、武蔵野の「経営計画書」を見たとき、「クレームに関する自分の考え方は間違っていた」ことに気づいたと言います。

「かつての私は、『クレームを発生させた社員の責任を問うのは当たり前』だと思っていましたから、武蔵野の〈経営計画書〉に、『クレームを発生させた責任はすべて小山昇にある』と書かれてあることに驚きました。小山社長は、クレームを発生させた『人』ではなく、クレームが発生したという『事実』のほうに着目していました」

（山田愼一代表）

クレームは宝の山です。自社を改善するヒントが詰まっているからです。また、クレームにきちんと対応することで、お客様の満足度を高めることもできます。

「『人』の責任を問うと、社員はクレームを隠します。そのことに気がついた私は、180度考え方を変えて、『クレームが発生しても、怒らない。人の責任は問わない』という方針を決めました。現在はクレームを隠す社員が減り、クレームに関わる情報が私のところに上がってきます。『対応のスピードが遅いと、クレームにつながりやすい』こともわかったので、『スピード』を経営のキーワードに掲げるなど、お客様の声に基づいた改善を進めています」（山田愼一代表）

クレームに関する方針（例）

1．基本

（1）**クレーム対応は、全ての業務に最優先とする。**
（2）**クレーム発生の責任は一切追及しない。発生の責任は社長にある。お客様の目から見た業務改善点の指摘です。本来は全て社長が受けるべきであるが、社長一人で受けきれないので、社長に代わって対処する。**

〈中略〉

2．発生

（1）**現場からその事実だけを直ちに役員と上司に報告する。事を大きくする。**報告・連絡を怠った時は、１回で賞与を半額にし、上司・当事者がかかった費用を負担する。

〈中略〉

3．対処

（1）お客様への第一報は30分以内とする。当日中に当事者と上司がお詫びと事実確認に行く。お客様の前に顔を出すことが大事です。対策は後でよい。
（2）解決するまで何回でも足を運ぶ

〈後略〉

※株式会社武蔵野の「第52期 経営計画書」より抜粋

経営計画は1冊の手帳にまとめなさい

「経営計画書」は、立派な会社をつくるための道具

おいしい料理をつくる料理人は、一流の調理道具を持っています。お刺身は鉈《なた》でも切れますが、刺身包丁を使ったほうが、薄く、キレイに、魚の筋《すじ》をつぶさないで切ることができます。料理のできばえは、よく切れる包丁にあると言ってもいい。

私は、会社経営も「道具」次第で結果が変わると考えています。ところが多くの社長は、「立派な会社をつくるための道具」が存在することすら知りません。

会社の方針や社長の決定について、社員が共通の認識を持っている会社とそうでな

い会社では、その差は歴然です。まして、その方針を社員が実行している会社とそうでない会社の差は言うに及びません。

この差の一因は、**「共通の認識」をつくり出すための「共通の道具」から生まれています。その道具こそ、「経営計画書」**です。

「経営計画書」に必要なのは、豪華さよりも携帯性

武蔵野の「経営計画書」は、故・一倉定先生の「経営計画書」を参考にしています。

一倉定先生は、苛烈《かれつ》なまでに経営者を叱り飛ばす姿から、「社長の教祖」「炎のコンサルタント」との異名を持つ経営コンサルタントです。

今から30年ほど前、私は一倉定先生の指導を受け、「経営計画書」をつくりました。サイズはＡ４サイズ。表紙に厚紙を用いた、重厚な「経営計画書」です。

「〈経営計画書〉は会社の魂のようなものだから、立派な装丁《そうてい》でつくりなさい」というのが、一倉定先生の教えでした。

今から比べるとお粗末な内容でしたが、見栄えだけは今の何倍も豪華で、立派な「経営計画書」をつくったことに、私はすっかり満足していました。

ところが、これが重たい。とても重たい。

重たいから、社員はもちろん、社長の私ですら持ち歩くことなく、机の引き出しにしまいっぱなしになっていました。

「経営計画書」は立派な会社をつくるための道具なのに、道具を使うことはない。せっかく数字や方針を明記しても、実行がおろそかになっていました。

当時の私は、多くの社長がそうであるように、「立派な会社」ではなく、「立派な〈経営計画書〉をつくること」が目的になっていたのです。

道具は、使われてこそ価値がある

道具は、使われてこそ価値があります。どんなに優れた道具でも、いつも手にするところになければ、宝の持ち腐れです。

そこで私は、Ａ４サイズから、常に持ち歩ける「手帳型（Ｂ６変型サイズ）」に変更しました。

手帳型の「経営計画書」を一倉定先生に見せたところ、「おまえは〈経営計画書〉を冒瀆《ぼうとく》する気か！」と烈火《れっか》の如《ごと》く叱り飛ばされました。

私は、「すみません！　すぐにつくり直します！」と頭を下げたが、つくり直すつもりはありませんでした。

一倉定先生はたしかに唯一無二の存在であり、私も師と仰いでいます。ですが、先生は「社長」として経営の実務に携わった経験がありません。

現役社長の私が求めていたのは、重厚でなくても、立派な装丁でなくてもいいから、携帯性に優れ、「すぐに使える」ことです。

「経営計画書」は、社員が「どう行動すればいいか」迷ったときの道標《みちしるべ》です。ですから、社員全員が携帯できなくては意味がありません。

「経営計画書」の内容を実践すれば、会社は確実に成長する

「経営計画書」をつくると、会社が大きく好転する

「タカヤマ金属工業株式会社」（建築建材）の高山正義社長は、武蔵野の「経営計画書」が手帳サイズであることを知って、「衝撃を受けた」と話しています。

「武蔵野さんの〈経営計画書〉を見て一番びっくりしたのは、**行動指針、就業規則、長期事業構想、利益計画、年間計画などが1冊の手帳にまとめられている**ことです。

おそらく、普通の会社の普通の社員であれば、入社時にパラパラと就業規則を見て、あとは退職するまで一度も見ないと思います。ですから、『会社のルールブックを常時

持ち歩く』という小山社長の発想には、本当に驚かされました。

私どもはまだ〈経営計画書〉をつくったばかりですが、〈経営計画書〉を見れば、『何をしたらいいのか』『何をしたらいけないのか』が一目瞭然で、会社の中に、統一感が生まれたと感じています」（高山正義社長）

「株式会社エネチタ」（エネルギー、リフォーム、不動産）の後藤康之社長も、武蔵野の指導を受けるまでは、A4サイズの「経営計画書」をつくっていた。

「小山社長にお会いする前から、数字目標と、その目標を達成するためにやるべきことをまとめた〈経営計画書〉はあったんです。でも、社長の私さえ、使っていませんでした。期首に社員を集めて、1時間くらい説明をして、最後に、『今期はこういう数字でやっていこう！　がんばろう！　オー！』と締めて終わり。その後1年間、一度も開かない（笑）。

小山社長のことを知ったのは、フェイスブック（小山昇の経営者コミュニティ／KMC）です。小山社長の経営のしかたは、私の考えている経営のしかたと『真逆』でした。私は業績が落ちている。小山社長は私とはまったく違うやり方で業績を上げている。だとすれば、この人の話を聞いたほうが早いのではないか、と思ったんです。手帳サイズにするまでは、当社の社員は誰も〈経営計画書〉を読まなかった。けれど今では、『〈経営計画書〉を使う』ことが当たり前になってきたと思います」

（後藤康之社長）

「経営計画書」は、会社の進む方向を示した地図帳

「株式会社グッドフィーリング」（イベント、フィットネス施設運営）の馬場大介ＣＥＯは、「経営計画書」を**「ゴールに向かうための地図」**と位置付けています。

「私がはじめて小山社長にお会いしたとき、こんなことを言われました。

『馬場さんは、暗闇の中を目隠しして歩いている。何にも当たらないで今まで進んでこられたことは、奇跡に近い』。

私は小山社長に、『〈経営計画書〉のつくり方』を教わると同時に、会社がこれから

歩んでいく『地図の書き方』を教わったと思っています。〈経営計画書〉には、行動指針も、社長の考えも、数字も、事業構想も、方針も、スケジュールもすべて明記してあるので、『私たちが今どこの位置にいて、次に行く場所はどこで、未来はどこに向かうのか』がわかる。だから、社員は誰も道に迷いません。〈経営計画書〉の内容を実践していけば、社員が誰ひとり欠けることなく、ゴールに向かうことができると思います」（馬場大介CEO）

また、株式会社グッドフィーリングでは、「経営計画書」をつくってから、「6年連続で離職者ゼロ」です。

「〈経営計画書〉をつくり、価値観を共有できたことが離職者をゼロにできた要因だと思います。〈経営計画書〉がなければ、半分くらいの社員がいなくなっていたかもしれません。私のものだった会社が、社員みんなの会社に変わった。そんな気がします。

私は今まで、場当たり的な経営をしてきました。ですが、〈経営計画書〉があると、社長の私が率先して守らなければなりません。自分でつくった〈経営計画書〉に監視されている、そんな感じですね（笑）」（馬場大介CEO）

「経営計画書」に、5年先の目標を明記する

「どうすれば利益が出るか」を長期的な視点で考える

武蔵野の「経営計画書」には、「当期」の経営目標（売上高、粗利益額、人件費、経費、経常利益など。51ページ参照）のほかに、「長期事業構想書」（長期事業計画）を掲載しています。

「長期事業構想書」には、「5年後」までの事業計画、利益計画、要員計画、装置・設備計画、資本金計画が具体的な数字をともなって明記されています。

私は、「長期事業構想書」の中で、

「5年で売上2倍」の長期計画を立てています。「5年で売上2倍」は、「対前年比115%」で毎年、成長しなければ達成できません。

世間の会社が「対前年比102%」の計画を立てているときに、わが社は無謀《むぼう》にも115%の計画を打ち出しています。

経営は、「目先」のことにとらわれずに、「長期的な視点で、どうすれば利益が出るか」を考えることです。

「半年後、3年後、5年後にどうするか」を長期的に考え、「今、何をすべきか」を逆算して決定するのが正しい経営判断です。

時代の変化に合わせて会社をつくり変える

多くの社長は、「敵はライバル会社である」と考えていますが、ライバル会社は、短期的な競争相手にすぎません。

会社にとって最大の敵は、**「時代の変化」**です。

変化への対応を怠れば、時代に取り残されてしまうでしょう。

レコードがなかった時代、音楽が好きな人は楽団の「生演奏」を楽しんでいました。

しかし、1877年にエジソンが「フォノグラフ」と呼ばれる蓄音機《ちくおんき》（レコードに吹き込んだ音を再生する装置）を発明したことで、「レコード」ができた。

レコードが誕生した結果、楽団のマーケットは食いつぶされ、さらにそのレコードも音が飛ばない「カセットテープ」に取って代わられました。

ところが「CD」の登場によってカセットテープは下火になり、さらにはインターネットの「音楽配信」が普及したことで、CDの売れ行きも頭打ちになりました。

経営は「環境適応業」です。

社長は、「時代がどのように変化していくか」を長期的に見極め、時代の変化に合わせて、会社をつくり変えていかなければなりません。

現状に甘んじることなく、変化し続けることが会社の定めであり、社長の務めです。

経営計画を作成するときに決定する「数字」

第○期　経営目標

1	売上高…………○億○百万円
2	粗利益額………○億○千○百万円
3	人件費…………○億○千○百万円
4	経費……………○億○千○百万円
5	販売促進費……○億○百万円
6	減価償却費……○千万円
7	営業利益………○億円
8	営業外収益……○百万円
9	営業外費用……○百万円
10	経常利益………○億○千万円

3. 利益計画

（1）総売上高を５年後●億円にする。
（2）粗利益率を●％を目標とし、●億円の粗利益額を目指す。
（3）内部費用
　①人件費は貢献度に応じた公平配分とし、給与は同地区の10％増を目指す。
　　一人当たりの人件費は毎年安定的に上げて行く。
　　業界NO.1の給料水準を目指す。
　②「武蔵野ブランド」が上がる事を最優先に販売促進費を使う。
　③減価償却費はリース・レンタルを活用して実質償却を早くする。
（4）営業利益は5年後、総売上高の●％を目標とする。

4. 要員計画

（1）労働分配率は40％を目指す。
（2）良き企業市民として、地域社会への協力として1000人の雇用を創出する。
（3）サポート企業の社内改革を支援出来る人材を育てる。
（4）部長職以上は資金運用計画、課長職は短期計画の指導が出来る人材を育成する。
（5）部長はセミナーの講師を行う。

5. 装置・設備計画

（1）最重点地区にケア事業を出店していく。
（2）土地は購入しない。
（3）機器の入れ換えは順次行っていく。

6. 資本計画

（1）自社株の40％を保有する。
（2）自己資本比率を60％以上を目指す。

目標は「この通りにいかない」からこそ必要です。それは、社長の考えとお客様の要求との食い違いを社長に教えてくれるものだからです。目標と実績との差の意味するものを読み取って、誤りのない我が社の方向をみつけだすことが重要です。

「長期事業構想書」(株式会社武蔵野の「第50期 経営計画書」)

この構想書は、夢への挑戦への計画です。客観情勢の変化と社長のビジョンの発展により、たえず前向きに書き換えられるものです。

1. 基本

(1) 目的を明確にして、仮説を立てて計画し、実績を元に検証して、お客様目線で前に進む。
(2) 同じお客様に繰り返し利用して戴ける事業に特化する。鉄砲は売らない、弾を売る。
(3) 経営を安定させず、常に経営革新を行い、潰れにくい体質にする。利益は、①お客様数増加、②社員教育、③インフラの投資、④必要以上に長期借入金を借りる、⑤新規事業はライバル会社のある周辺事業に徹する、⑥経常利益、の順で未来に投資する。
(4) 市場、社会情勢の変化に合わせて、時には方針を大きく変更する決定をする。生き残ることを優先する。

2. 事業計画

(1) 変化は我が社の都合を待ってくれない。変化は我が社の都合を置いて行く。マーケットにはお客様とライバルしかいない。マーケットは小さくなる。それでも、我が社はお客様を開拓する。
(2) クリーンサービス事業は積極的にM&Aを行う。
(3) ケア事業はクリーンサービス事業とのコラボレーションを基本とする。
(4) ホームインステッド事業はサービスを受けるお客様より、お金をお支払いするお客様の満足度を上げる。
(5) アセスメント基準書のフレームワークが、企業の経営革新の道具であることを多くの企業にアピールし、サポート企業の発展と成長に貢献する。
(6) 経営サポート事業はクリーンサービス事業・ケア事業の現実・現場・現物をサポートの商品とし、他社が真似出来ない事業領域で新たなビジネスモデルを作る。

5年以内に、商品・お客様・従業員の「25%」を新しくする必要がある

変化に対応できない企業の行く末は、倒産・買収・消滅

「変化を怠った」ことが原因で、勢いをなくした業界があります。日本酒業界です。酒類の中でも日本酒の売上減は著《いちじる》しく、日本酒の製造量は１９６８年の１４２万１０００キロリットルをピークに、２０１５年には44万４３５３キロリットルにまで落ち込んでいます（国税庁調べ）。

若者のアルコール離れや宴会の減少など、日本酒が選ばれなくなった理由はいくつか考えられますが、もっとも大きな原因は、

「長期事業計画を持たず、目先の利益を確保しようとしたから」

だと私は考えています。

私が酒蔵《さかぐら》の社長なら、「10年後においしいお酒を高く売る」という長期計画を立てます。儲かっているときに未来に投資をして、「熟成古酒《じゅくせいこしゅ》」をつくる。儲かっている間にお米を買って、熟成しておけば、経費が節減できます。お酒は、製品にしてからでないと値段がつかないため、課税されることもありません。

日本酒の上顧客である60代以上の人たちは、先細りが避けられません。したがって、日本酒業界の中で現在も生き残っているメーカーは、若い世代への浸透と海外展開などに取り組み、時代に応じたダイナミックな戦略を図っています。

中小企業は、変化を起こすことはできませんが、変化についていくことはできる。

したがって社長は、物事を長期的に考え、「時代がどのように変化していくか」を予測し、その対策を今からはじめる必要があります。

変化に対応できない企業の行く末は、倒産・買収・消滅しかありません。

「25%の法則」を実践すると、大きな利益が期待できる

自社の経営が順調なとき、多くの社長は、次のように考えます。

「せっかくうまくいっているのだから、わざわざ新しいことをする必要はない。しばらく、このままのやり方を続けよう」

しかし、順調なときに先を見据えて、変化しなければなりません。会社を成長させるには、**「25%の法則」**に則《のっと》って、会社に変化を与えたほうがいい。

「25%の法則」とは、商品・お客様・従業員に関して、「5年以内に25%を新しくする」ことを指標とする法則です。

【25%の法則】

- **扱っている商品（サービス）の25%が、「5年以内に開発した商品」であること**
- **お客様の25%が、「5年以内に開拓した顧客」であること**
- **働いている従業員の25%が、「5年以内に採用した人材」であること**

このうちのひとつでも該当していれば、「前年並み」の利益が出ます。そして、商品も、お客様も、従業員も25％以上変わっている会社は「急伸」します。

従業員に関しては、社員が辞めなくてもかまいません。人を増やして、全従業員数の25％以上が新しい人材であれば、変化していることになります（人事異動をして、25％以上の人材を入れ替えてもよい）。

この3つが何も変わっていない会社は、例外なく業績が下がります。

会社を成長させたければ、変化を恐れない。商品も、お客様も、従業員も、「5年以内に25％を新しくする」経営計画を立てます。


変化は、わが社の都合を待ってくれない。

変化は、わが社の都合を置いていく。


多くの社長は、「変わる」ことが不安で、「変わらない＝安定」だと思い込んでいます。でも本当は、「変わらない」ことが不安定であり、「変わる＝安定」です。

「5年で売上2倍」の長期計画を立てる

「今と同じやり方」「今と同じ考え方」「今と同じ人」を捨てる

私は、１９７７年から「長期事業構想書」を策定しています。私がはじめて「5年で売上2倍」の経営計画を発表したとき、課長の狐塚《きつねづか》富夫《とみお》（当時：現在は63歳）は驚きを隠さずにこう言いました。

「本当にこんな無茶な計画が達成できると思っているのですか!?」

私は、こう答えました。

「思っているわけないじゃないか」

私の返事を聞いた狐塚は、「やっぱり」と、得心顔で頷《うなず》きました。

ところがその5年後、「長期事業構想書」に書いたすべてが実現した。

「5年で売上2倍」の無茶な計画が達成できた理由は、「景気が良かったから」ではありません。「長期事業構想書」に数字を入れたことによって、次の「3つ」のことが明らかになったからです。

①自分の会社の現状がわかった

②「今と同じやり方」「今と同じ考え方」「今と同じ人」では無理だとわかった

③「夢なくして努力はしない」ことがわかった

①自分の会社の現状がわかった

私はこれまで、700社以上の経営指導をしてきましたが、「自分の会社のこと」を知っている社長は、例外なく、ひとりもいませんでした。

「従業員が何人いるのか、営業所はお客様が何社あるのか、ナンバーワン商品は何なのか、地域におけるシェアはどれくらいか、売上はいくらか」といった会社の現状の数字を理解していなかった。

しかし、**長期事業計画を立てて、目標を数字に落とし込むと、「その数字を達成するために、何をすべきか」が見えてきます。**

「どの事業もまんべんなく伸ばすのは無理だから、一番伸びている事業をさらに伸ばそう」「現事業だけでは確実に達成できないから、新規事業を起こすしかない」など、自社の現時点での実力（自社の現状）が明確になります。

わかりやすい例で説明をすると、社員が「5年後に都下に一戸建てを買いたい」と長期計画を立てたとします。

計画から逆算して現状（現在の実力）を考えると、「今の給料では無理」だとわかります。「今の給料では無理」だとしたら、選択肢はそれほど多くありません。

「武蔵野で実績を上げ、昇給する（昇格する）」

「武蔵野を辞めて、もっと給料のいい会社に転職する」

「一戸建て購入をあきらめて今の賃貸マンションで暮らす」……。

「5年後に都下に一戸建てを買いたい」と目標を立てたから、「今、何をすべきか」が明確になるわけです。

②「今と同じやり方」「今と同じ考え方」「今と同じ人」では無理だとわかった

「売上を5年で2倍にする」と計画を立てると、社員は口をそろえて、こう言います。

「無理だ」

その通りです！　私が数値目標を高く持つのは、社員に「無理だ」という概念を正しく理解させるためでもあります。

社員にとっての「無理です」は、「挑戦したくない」と同義です。

ですが、社長に面と向かって「挑戦したくない」「やりたくない」とは言えないので、「目標が高すぎるので、無理だと思います」と、婉曲的《えんきょくてき》に表現します。人は「できない」「無理だ」「達成できない」と決めつけているかぎり、努力をしません。

ではなぜ、社員は「無理だ（挑戦したくない）」と思うのでしょうか。

それは、「今と同じやり方」「今と同じ考え方」「今と同じ人」でやると楽だからです。

人は、変化を嫌い、現状維持を好みます。したがって、「今年の売上の伸び率は103%だったから、来年も対前年比103%でいい」と甘く見積ります。

ですが、甘い目標では「これまでの延長線上だから、少しがんばればできそう」と考えてしまい、やり方、考え方、人を変えようとしません。

武蔵野の社員も、行き詰まっている中小企業の社長も、現状の延長線上で物事を考えています。しかし「今までと同じやり方」「今までと同じ考え方」「今までと同じ人」では、現状維持（前年実績）が精いっぱいです。

あらゆることが猛スピードで変化する時代で、現状維持は「後退」と同じです。

現事業でどんなにがんばっても、「5%」しか増やすことができないとしたら、「新しい事業に取り組む」「新しいインフラを整備する」「採用や社員教育を強化する」など、会社として新しいことにチャレンジするしか目標に近づく方法はありません。

武蔵野の成長を牽引《けんいん》している「経営サポート事業部」（700社以上の会員企業に経営指導する事業）も、「5年で2倍」の経営計画を立てた結果として、「苦しまぎれ」に生まれた事業です。

現事業の拡大だけでは、どうしても売上2倍の目標に到達しないことがわかったとき、私は「新しい事業をつくる」ことを決定した。

具体的な事業内容が決まっていたわけではなく、「苦しまぎれ」に「新規事業をやる」（経営指導を事業とする）と決めた。その結果が経営サポート事業部であり、この事業の成功によって、増収を続けることが可能になった。

「株式会社毛受《めんじょう》建材」（生コンクリート製造販売／土木・建築資材販売）の毛受進社長も、右肩下がりの業界の中で、着実に数字を伸ばしています。

「〈経営計画書〉をつくって3期目になりますが、3年連続で増収増益が続いています。不思議なことに、利益目標を立てると、社員の気持ちも『目標の数字に近づきたい』と思うようです。

〈経営計画書〉に数字を載せたことで、『今のやり方では目標を達成しない』『今の考え方では目標を達成しない』『今の人員では目標を達成しない』ことが明らかになって、社員全員が、『では、どうすれば目標を達成できるのか』『どうすれば地域ナンバーワンになれるのか』を意識するようになりました。

なかでも、『お客様の声』を拾えるようになったことは、大きな変化だと思います。『お客様が望んでいることは何か』『お客様が困っていることは何か』を優先して行動するようになったことで、会社があきらかに変わりました。『会社って、こういうふうに成長していくんだな』と実感しているところです」（毛受進社長）

③「夢なくして努力はしない」ことがわかった

人は誰しも、夢なくして努力はできません。売上10億円で、部長が3人、課長が10人いる会社が、「5年後に売上20億円」にする長期計画を発表すると、社員はこう考えます。

「そんなの無理に決まっている」

その一方で、こうも考える。

「5年後に売上が2倍になるなら、会社も大きくなって、部長は6人、課長は20人になる」

すると、課長は、「もしかしたら、自分も部長になれるかもしれない」と思い、主任は、「もしかしたら、自分も課長になれるかもしれない」と思う。

実際は、役職が2倍になることはありません。しかし、こうした小さな錯覚があると、社員に夢や希望が生まれて、挑戦するようになります。

「給料が安定的に上がる」「昇進のチャンスがある」と思うから、社員もがんばる。社長が「5年で売上2倍」と夢のある計画を持つから、社員も夢を持てる。

「フジ精密株式会社」(電子部品製造/自動車部品製造)の清水章社長も、「〈長期事業構想書〉に夢を持たせたい」と考えています。

「小山社長にご指導いただいて、もっとも参考になったのが〈長期事業構想書〉の考え方です。そもそも〈経営計画書〉をつくるまでは、『5年先のことを考える』という発想も、考える機会もありませんでした。

ですが、〈長期事業構想書〉に『新規事業をする』と書くと、社員はものすごく喜んで私に質問してくるんです。『何をするのですか？』って。もちろん、何も決まっていません（笑）。それでもワクワクしてくれるのは、私と同じように、この会社の将来に夢を感じているからだと思います。

また、『M&Aをして、事業を拡大する』と書いたところ、金融機関の方々が『どんな企業の買収をお考えですか？』と関心を持ってくださいました。

小山社長がおっしゃるように、**〈長期事業構想書〉は、私たちにとって『夢への挑戦』**です。社員みんながこれまで以上にワクワクできる長期計画を立てていきたいですね」（清水章社長）

「目先の利益」より「その先の利益」を考え行動する

「株式会社瀧《たき》神《がみ》巧業《こうぎょう》」（建設業）佐藤慎社長は、「経営計画書」をつくることで「数字の見方」が変わったと感じています。

「小山社長から『経営は逆算だ』と教えられて、最初は何のことかよくわからなかったが（笑）、数字を積み上げて考えるのではなく、逆算して利益目標を立てた結果、いつの間にか水準が上がっていた、という不思議な感じです。『5年で売上2倍』にはなっていませんが、昨年の決算書を見ると、『6年』で売上2倍になっていました。

建設業界はとても浮き沈みが激しく、「公共工事がいつ、どこで行われるのか」といった『情報の先取り』がとても大切です。普通のサービス業であれば、「月単位」で数字の変動を見ていても大丈夫なのかもしれませんが、私たちの業界は、『年単位』で数字や情報を見ていかないと、ライバルに先を越されてしまいます。

秋田の田舎の建築会社が『6年で売上2倍』の業績を上げることができたのは、**目先ではなく、その先を考えながら仕事ができるようになったから**です。〈経営計画書〉に数字を示したことで、『今年の仕事を取ろう』ではなく、『来年の仕事を取ろう』という意識に変わった気がします」（佐藤慎社長）

「長期事業構想書」の数字は、銀行への説得材料になる

「有限会社中央市場」（スーパーマーケット）の金澤正樹社長は、「〈経営計画書〉をつくったことで、資金計画が明確になった」と話しています。

「毎年、武蔵野さんの合宿に参加し、〈経営計画書〉を作成しています。小山社長は、『5年分の数字はデタラメでいい』とおっしゃっていますが、実際は、バランスシートを見ながら、武蔵野さんが開発したオリジナルのソフト（社長の決定ソフト）を使って資金運用計画を作成するので、できあがった数字は整合性が取れています。

ですから、金融機関から融資を受けるときも、この数字をお見せすると納得していただけます。『どうしてお金が必要なのか』を聞かれても、〈長期事業構想書〉には、事業計画、利益計画、設備計画、要員計画などが明記されているので、信頼性が非常に高いですね」（金澤正樹社長）

「長期事業構想書」、夢なくして努力なし

	項目	当期	37期	38期	39期	40期	41期
事業計画	1. 愛の店事業	1,346	1,372	1,400	1,428	1,456	1,486
	2. サーブ事業	571	618	703	798	906	1,028
	3. ケア事業	230	259	293	331	375	423
	4. OCS・ホテル事業	344	[illegible]	[illegible]	[illegible]	499	550
	5. あかり環境事業	750	[illegible]	[illegible]	[illegible]	1,309	1,440
	6. ボイス・インタ事業	162	[illegible]	[illegible]	[illegible]	801	1,001
	7. 新規＊＊事業	0	[illegible]	[illegible]	[illegible]	271	468
	事業成長率		1.117	1.138	1.134	1.144	1.139
利益計画	総売上高	3,403	3,802	4,328	4,909	5,617	6,396
	総仕入高	1,528	1,707	1,943	2,204	2,522	2,872
	粗利益率	0.551	0.551	0.551	0.551	0.551	0.551
	粗利益	1,875	2,095	2,385	2,705	3,095	3,524
	内部費用 人件費	1,085	1,238	1,441	1,642	1,902	2,199
	内部費用 経費	466	493	523	555	588	623
	内部費用 販売促進費	204	204	204	204	204	204
	内部費用 減価償却費	21	23	25	27	30	33
	内部費用 計	1,775	[illegible]	[illegible]	[illegible]	[illegible]	3,059
	営業利益	101	[illegible]	[illegible]	[illegible]	[illegible]	465
	営業外収益	44	[illegible]	[illegible]	[illegible]	[illegible]	70
	営業外費用	35	35	35	35	35	35
	経常利益	110	150	210	300	400	500
	損益分岐点	3,205	3,530	3,947	4,365	4,891	5,488
要員計画	労働分配率	57.9	59.1	60.4	60.7	61.5	62.4
	一人当たりの人件費	5.0	5.2	5.5	5.7	6.0	6.3
	人員	217	238	262	288	317	349
設備計画	土地	[illegible]	[illegible]	[illegible]	[illegible]	[illegible]	[illegible]
	営業所	[illegible]	[illegible]	[illegible]	[illegible]	[illegible]	[illegible]
	その他	[illegible]	[illegible]	[illegible]	[illegible]	[illegible]	[illegible]
資本金	増資	[illegible]	[illegible]	[illegible]	[illegible]	[illegible]	[illegible]
	払込資本金	[illegible]	[illegible]	[illegible]	[illegible]	[illegible]	[illegible]
生産性	一人当たりの売上高	16	16	17	17	18	18
	一人当たりの粗利益	9	9	9	9	10	10
	一人当たりの経常利益	0.5	0.6	0.8	1.0	1.3	1.4

売上を5年後に倍増させる！

経常利益も大幅に上げる！

「毎年、安定的に上げる」「業界No.1水準」「労働分配率の高い会社にする」それらを長期事業構想書に明記

著者がはじめて「長期事業構想書」をつくり、「5年で売上倍増」を発表したとき、「社長、ホントに達成できるんですか」と聞かれた。
何も目算があったわけではない。しかし、「なんとしても達成する」と決定・努力することで5年後に本当に売上は倍になった。

※株式会社武蔵野の「第36期 経営計画書」を参照

（単位：百万円）

	49期	50期	特　記　事　項
	2640.1	2807.6	
	504.0	570.0	
	888.0	1000.0	
	1790.0	2000.0	
	150.0	150.0	
	0.0	0.0	
	600.0	1000.0	
	113.20%	114.50%	
	6572.1	7527.6	
	1813.9	2077.6	
	0.724	0.724	
	4758.2	5450.0	
	2124.0	2400.0	
	809.0	883.0	
	641.0	687.0	
	0.0	0.0	
	3574.0	3970.0	
	1184.2	1480.0	
	28.0	30.0	
	12.2	10.0	
	1200.0	1500.0	
	4914.6	5455.8	
	44.6%	44.0%	
	5.9	6.0	
	360	400	
	0.0	0.0	
	0.0	0.0	
	0.0	0.0	
	0.0	0.0	
	50.3	50.3	
	18.3	18.8	
	13.2	13.6	
	3.3	3.8	

特記事項には、
「最重点地区に人と資金を投入する」
「５年後75億円にする」など
項目の「方針」や「目標」を１行で記載する。

長期事業構想書は、
売上を５年で倍増させる
経常利益も大幅に上げる

武蔵野は
経営サポート事業部が
売上８億円の44期に、
５年後の50期に20億円となる
売上目標をたてた。

「無謀だ」と思われる計画も
結果は〝１期前倒し〟で
49期には売上20億円まで成長した

長期事業構想書（株式会社武蔵野の第44期計画書の場合）

		項目	当期	46期	47期	48期
事業計画		1.クリーンサービス事業	1944.8	2108.4	2305.6	2483.5
事業計画		2.ケア事業	349.0	378.0	416.0	458.0
事業計画		3.ホームイン事業	365.0	512.0	672.0	765.0
事業計画		4.経営サポート事業	1257.0	1388.0	1485.0	1666.0
事業計画		5.管理職派遣事業	0.0	30.0	50.0	100.0
事業計画		6.環境事業	49	50.0	50.0	0.0
事業計画		7.新規事業	0.0	90.0	250.0	333.3
		事業成長率	-	114.90%	114.80%	111.00%
利益計画		総売上高	3964.8	4556.4	5228.6	5805.8
利益計画		総仕入高	1092.8	1257.6	1443.1	1602.4
利益計画		粗利益率	0.724	0.724	0.724	0.724
利益計画		粗利益	2872.0	3298.8	3785.5	4203.4
利益計画	内部費用	人件費	1255.9	1458.0	1680.0	1824.0
利益計画	内部費用	経費	534.3	613.0	685.0	767.0
利益計画	内部費用	販売促進費	502.0	557.0	615.0	623.0
利益計画	内部費用	減価償却費	38.0	20.0	10.0	0.0
利益計画	内部費用	計	2330.2	2684.0	2990.0	3214.0
利益計画		営業利益	541.8	650.8	795.5	989.4
利益計画		営業外収益	18.0	20.0	22.0	25.0
利益計画		営業外費用	32.0	20.8	17.5	14.4
利益計画		経常利益	527.8	650.0	800.0	1000.0
		損益分岐点	3236.2	3658.6	4123.6	4424.6
要員計画		労働分配率	43.7%	44.2%	44.4%	43.4%
要員計画		一人当たりの人件費	5.0	5.4	5.6	5.7
要員計画		人員	250	270	300	320
設備計画		土地	0.0	0.0	0.0	0.0
設備計画		建物	0.0	0.0	0.0	0.0
設備計画		機械	0.0	0.0	0.0	0.0
資本金		増資	0.0	0.0	-16.0	-20.0
資本金		払込資本金	106.3	106.3	90.3	70.3
生産性		一人当たりの売上高	15.9	16.9	17.4	18.1
生産性		一人当たりの粗利益	11.5	12.2	12.6	13.1
生産性		一人当たりの経常利益	2.1	2.4	2.7	3.1

経営計画は、時代やお客様の都合に合わせ変更する

目標と現実の差を広げることを「対策」という

経営計画をつくったら、「途中で計画は変えてはいけない」「計画通りに続行するのが正しい」と考えている社長がいます。この考えは、間違いです。

経営計画は、時代やお客様の都合に合わせ、「どんどん、つくり変える」のが正しい。

計画（利益目標などの数字）を立て、その目標に向かって行動を起こすと、「実績」が出ます。そして、計画と実績を比べて、「なぜ、計画（利益目標）よりも実績が少な

いのか（あるいは多いのか）」、差が生じた理由を読み取ることができれば、次に打つ手がわかります。

「対策」とは、この差を広げることです。差が生まれた要因を評価・査定し、差を広げるための対策を考える。そして、新しい計画を立て、もう一度、実行する。私はこれを繰り返してきました。

商品Aと商品Bの販売計画を立てるとき、多くの社長は、マーケティングやリサーチの結果にもとづいて計画を立てます。

「今年は、商品Aが注目されているから、商品Aの売上目標を1億円にしよう。一方、商品Bの注目度はそれほど高くはないので、目標は5000万円くらいにしておこう」

計画を立て、販売を開始したところ、実績は計画の反対、つまり、商品Aが5000万円、商品Bが1億円売り上げた。

この結果を受け、ダメな社長は、次のように考えます。

「商品Aが思うように売れなかったから、来年は、商品Aをしっかり売る計画を立てよう」

ですが、「商品Bを売る」と計画をあらためないかぎり、売上は上がりません。販売結果は、お客様の動向が反映されたものです。お客様は商品Aではなく商品Bをほしがっています。

だから、「販売計画は、商品Aを成り行きにして戦力を商品Bに投入して、商品Bがさらに売れる」ように考えなくてはいけません。

売れていない商品は、どんな仕掛けを施しても売れません。「売れないもの」を売れるようにするより、「売れているもの」をさらに売り伸ばして、「売り損じ」をなくすほうが売上を最大化できます。

計画がマーケットとかけ離れているのであれば、固執しないこと。**「計画と実績の差を読み取り、次の経営計画に反映させる」ことが大切**です。

会社の業績を上げるには、2つの方法があります。

①現在売れている商品にさらに力を入れて売っていく

②３年間、あるいは５年間続けても成績が上がらない商品や事業はやめる

成績が上がらない商品や事業を「なんとかしよう」とは思わない。

計画通りではなく、成績の上がるほうに力を入れるのが、正しいやり方です。

若い組織はトップダウン、成熟した組織はボトムアップ

武蔵野の「経営計画書」は、第36期までは私ひとりでつくっていましたが、現在は、毎年３月に、部長職以上の社員とプロジェクトチームのリーダーが集まって、その期の「経営計画書」の方針をアセスメントします。


「この方針は実行できた」「この方針は実行できなかった」

「この方針は成果が出た」「この方針は成果が出なかった」

など評価し、中止する方針と続行や修正の方針をアセスメントします。


「経営計画書」の内容を「リーダーシップ」「個人・組織能力」「戦略・プロセス」「お

客様満足」「結果」の5つの要素に分けて、「強み」（実行して成果が上がった方針）「弱み」（実行して、成果が上がらなかった方針）のレベル評価を行います。

幹部が「新たな方針が必要」と判断すると、アセスメント時に原案をつくります。幹部から上がった方針を私がチェックし、最終的には社長の責任において、「経営計画書」の内容を確定させます。

若い組織は社長のトップダウンによる経営が有効ですが、成熟した組織ならばボトムアップでないと成果が出ない。訓練された成熟した組織は、何年にもわたって社長の方針を実行してきた歴史があるため、リアルな知見が育まれているからです。

「株式会社ザガット」（飲食店）の栗原秀輔社長は「〈経営計画書〉をつくって、具体的に何をすればいいかの基準を設けることが重要」だと感じています。

「新入社員や若手社員は、私たちのような経験者とは違って、『具体的に何をすればいいのか』『どこまでやればいいのか』の判断ができないと思うんです。けれど、〈経営計画書〉に規定されていれば、それがわかります。

当社には、どちらかといえば、『自分たちのことは、自分たちで決めていく』の文化があるので、『細かく方針を決めると、社員を縛り付けてしまうのではないか』という心配もあったが、『この方針を前提にして、さらにいい方法がないかを自分たちで考え、進化させていこう』と考えるので、社員も受け入れてくれます。

今後は、少しずつ社員にもアセスメントをさせて、ボトムアップ型で〈経営計画書〉をつくっていきたいですね。方針の文言なども社員自身に仕上げてもらおうと考えています」（栗原秀輔社長）

「有限会社北総霊柩《れいきゅう》自動車　セレモニーきうち」（葬儀社）の木内利明社長も、ボトムアップによる「経営計画書」への移行を進めています。

「小山社長に指導をいただいて、これまでに8冊の〈経営計画書〉を作成してきました。3冊目までは、私がひとりでつくっていましたが、4冊目からは専務と一緒に合宿に参加しています。今年からは、合宿に参加する前に、私と専務のほかに、幹部2人を交えた4人で、来期の方針について話し合い、方向性をすり合わせています。

『昨年までの方針を幹部がどのように捉えていたのか』『わかりにくい部分はなかったか』『勘違いしている部分はなかったか』などについてアセスメントを行い、素案をつくってから合宿に参加しているため、これまで以上に現場の意見が反映された計画に変わるでしょう。

来年以降は、さらに幹部の意見を取り入れていきます。経営幹部としての自覚をもって、『数字を達成するために、何をしなければいけないのか』を自発的に考えてもらいたいですね」（木内利明社長）

「経営計画書」の実行状況を毎年かならずチェックする

「経営計画書」をこれからつくる会社であれば、最初の2年間は社長がひとりでアセスメントをして、トップダウンで計画を立てる（並行して社員教育にも力を入れる）。

そして、3年目からは幹部社員にも、「方針を実行できたか、できなかったか」を各自アセスメントさせ、協議する。すると、「Aさんは実行できているけれど、Bさんは実行できていない。なぜBさんはできていないのか」「その方針は、そういう意味があったのか。知らなかった」など、話し合いによって理解が深まるようになります。

立てた計画の結果がわからないと、次のアクション（対策）が決まりません。**経営計画は毎年見直し、「実行の可否」を振り返る必要があります。**

「株式会社レガシード」（コンサルティング事業）の近藤悦康社長も、振り返りの重要性を感じています。

「結果や成果が出ていることを繰り返しています。できなかったことはあらためる。前年にできたことは、今年も方針として明文化して、当たり前のレベルを上げていく。前年にできたことを積み重ねていくことが会社の成長につながると感じています」

（近藤悦康社長）

長期計画も、毎年つくり変える

「長期事業構想書」は、今期から5年後までの計画ですから、「5年後にまたつくり直せばいい」「長期事業計画は、そう頻繁に書き換えるものではない」と多くの社長が考えます。

ですが私は、**毎年、「長期事業構想書」を書き換えています。**なぜなら、自社をとりまく状況は、刻々と変化しているからです。

貿易会社や商社であれば、「円高と円安」では客観情勢は大きく異なります。リーマン・ショックのような世界的な不況が起き、日本への影響があれば、多くの会社の客観情勢が大きく変わる。客観情勢が変われば、当然、実績も変わってきます。

「期待していた事業が思ったほど伸びなかった」「ライバルが参入してきた」「新規事業が軌道に乗らなかった」などの理由で経営環境が変われば、すぐに計画を見直して、対策を講じなければなりません。

私は、年に4回も「長期事業構想書」を書き直したことがあります。中小企業の社長にとって、朝令《ちょうれい》暮改《ぼかい》（朝出した命令を夕方にはもう改める）は、ほめ言葉です。なぜなら、「社長が経営環境の変化に敏感である証拠」だからです。

「経営計画書」は「新卒採用」を有利に進める道具

新卒採用の新施策、「新宿セミナールーム」を開設

政府は消費税増税（２０１４年４月）を機に、国債を買い戻し、そのお金が市場に流れ出たことで株価が上向きました。

また、増税によって公共投資が増え、公共事業を中心に雇用も増えています。

ところが、仕事は増えているのに人手が足りません。人手不足を招いた原因は、おもに２つあります。

①新生児の数より、亡くなる人の数が増え、人口が減少していること
②最低賃金が上昇したことで就職先の選択肢が増え、売り手が有利になったこと

これまでは、人が辞めても、すぐに新しい人材を補充することができました。

ですが**これからは、募集をかけても人が集まらない時代**です。「今までと同じやり方」では、人を採用することはできません。

消費税が上がるまでは、「営業戦略が巧みな会社」や、「販売力のある会社」の業績が良かった。

しかし**これからは、「人材戦略が巧みな会社」が生き残る**と私は考えています。

2014年までのわが社は、「5年以上勤めた社員が『辞める』と言ってきたら、引きとめない」の方針でした。

ところが現在は、真逆です。

「5年以上勤めた社員が『辞める』と言ってきたら、全力で引きとめる」の方針です。

方針を180度変えた理由は、時代が180度変わったからです。時代が変わっているのに、自社の舵《かじ》取りを変えないで過去にとらわれていたら、うまくいかないのは当たり前です。

武蔵野は、2017年2月に、「JR新宿ミライナタワー」（2016年3月に開業したJR新宿駅直結の複合施設）に、「新宿セミナールーム」を開設しました。

このセミナールームは、新宿という立地を生かして、700社を超える会員企業（経営サポートパートナー会員）の利便性を向上させるとともに、さらなる経営指導の要望に応えていくための新施策であると同時に、「新卒採用活動」の新施策でもあります。

要員計画を立案する中で、「今と同じ採用のしかたでは、人は集まらない」ことがわかったため、新しい採用活動の一環として、2018年の新卒採用から、会社説明会を同所で開催しています。

東小金井の本社で行っていたときより立地が良くなったこともあり、求人サイトなどを利用しなくても、多くの学生（過去最高人数の１０７０人）を集めることができました。

２０１８年採用の内定者は例年よりも早く決まり（26人）、しかも、内定辞退は昨年12月までは「ゼロ」です。1月に1人辞退者が出たが、1人内定者を追加した。

『お金持ちはどうやって資産を残しているのか』（あさ出版）の著者で、「ランドマーク税理士法人」（税理士）を率いる清田幸弘代表は、「〈経営計画書〉が人材の定着にひと役買っている」と感じています。

「会計業界は、頻繁に転職を繰り返す業界ですから、採用や人材の定着が難しいんです。ところが、〈経営計画書〉をつくって、採用と社員教育のやり方を見直し、方針を打ち出したことによって、社員の価値観がそろうようになりました。〈経営計画書〉の運用と並行して、**環境整備**（毎朝30分、身の回りの整理整頓をする社員教育活動）にも力を入れた結果、離職率は業界平均よりも低くなっています」（清田幸弘代表）

「経営計画書」を使って〝内定辞退ゼロ〟を実現

２０１７年４月に、「20人」の新卒が武蔵野に入社しました。２０１８年は「26人」です。

２０１８年内定者、門川稜君の母親は、「中小企業が6人も新卒を増やすのは、新卒がすぐに辞めてしまうからではないか」「武蔵野という会社は、ブラック企業なのではないか」と不安になって、門川稜君に「武蔵野に入社するのは、やめたほうがいい」と苦言を呈した。

その話を知った私は、「今期」の「経営計画書」と「前期」の「経営計画書」の「配付先一覧」をコピーして門川稜君に渡しました。

配付先一覧には、武蔵野の全社員の氏名と序列が記載されていて、今期と前期の配付先一覧を見比べてみると、「人が辞めていない」ことが明らかです。

「経営計画書」を見た門川稜君の母親は、「人も辞めていないし、利益計画も要員計画もしっかりしている。この会社なら安心なので、武蔵野に行きなさい」と考えを一変させました。

「人が集まらない時代」に武蔵野が新卒採用で成果を上げているのは、「経営計画書」が採用の道具になっているからです。

「株式会社エネチタ」（エネルギー、リフォーム、不動産）の後藤康之社長も、「〈経営計画書〉が採用の道具になっている」と実感しています。

「手帳型の〈経営計画書〉をつくったところ、新卒の内定辞退が格段に減りました。昨年は大卒が6人でしたが、今年は11人に増えています。

当社では内定者家庭訪問を実施しているのですが、その際、ご両親に〈経営計画書〉をお見せして、『こういうことをやっています』と会社の説明をさせていただきます。すると、ご家族の方々も安心してお子さんを預けてくださいますね」（後藤康之社長）

第2章

絶対に会社を潰さない「利益計画」の立て方

利益目標は「逆算」して考える

数字が決まれば、方針が自動的に決まる

「経営計画書」で大切なのは「数字」です。自社の計画を数字で示すのは、

「数字で作成しないと、自社の状況が把握できない」

「目標の数字が決まらないと、方針が決まらない」

からです。

「来期の経営目標」と「長期事業構想（5年で売上2倍の長期経営計画）」の数字を決め、今期の数字（売上や利益など）と照らし合わせることで、会社の方針が決まりま

す。

現在の利益が「100」だったときに、来期の利益目標の数字をいくつにするかによって、方針が変わります。

- 来期の利益目標を「100」にする……「方針続行」
- 来期の利益目標を「150」にする……「人員・設備の増強」
- 来期の利益目標を「50」にする………「人員・設備の半減」
- 来期の利益目標を「0」にする…………「撤退」

このように、はじめに社長が数字を決定すると、方針が決まります。

野球なら、「どうしても1点ほしいからバントをする」か、「2点ほしいから長打を狙う」か、数字（スコア）によって監督の方針が変わるのと同じです。

方針（方法）から目標を考えるのではなく、**目標から方針（方法）を逆算するのが**

正しい経営です。

経営計画は、最初に数字ありきです。利益目標の数字からブレークダウンしていければ、「どのお客様に、どの商品を、どれくらい売るのか」の方針が自動的に決まります。

利益の源泉は、お客様です。わが社が提供するサービスをお客様にご利用いただくことで、利益が生まれます。したがって、最初に決まる方針は、「お客様に関する方針」です。

そして、「前年に5000万円売ったこの商品を、今年は8000万円売る」という計画を立てたのであれば、「商品に関する方針」が決まります。

「8000万円に売り伸ばす」ためには販売方法を見直す必要があるので、「販売に関する方針」が決まり、販売するためには人材を確保する必要があるので、「採用（要員）に関する方針」が決まります。

利益目標を決めるときの「4つ」のポイント

「経営計画書」は、最初に経営目標（来期の利益目標など）や長期事業構想の数字を決めます。

では私は、この数字をどのように決めているのでしょうか。

私は、次に示す「4つ」のポイントに留意して、会社の数字を決めています。

【「経営計画書」の数字の決め方】

①「過去計算」ではなく「未来計算」で考える
②数字に根拠はいらない。テキトーでいい
③「売上」より先に「経常利益」を決める
④目標の数字は「大きく」掲げる

①「過去計算」ではなく「未来計算」で考える

大学に入るには、入学試験日から逆算する。そうすれば、「いつから、どのように勉強をはじめればいいか」が決まります。結婚するときも、結婚式の日程が決まれば、席次を決める日や、案内状を送る日が決まります。

経営は逆算が基本です。「過去計算」ではなく、「未来計算」で考える。

経常利益はいくら、そのためには経費はいくら使い、いくらの売上を上げるかを最初に結果を決め、その実現手段を逆算して決めていきます。

②数字に根拠はいらない。テキトーでいい

私は、経営計画の数字を「テキトー」に決めています。

武蔵野のＩＴシステムは業界最先端、利用技術も最先端で、「将来の市場動向や自社の売上予測などの各種データを駆使しているのではないか」とか、「綿密の上にも綿密

を期して計画を立てているのではないか」と思われているが、そうではありません。

私は、はなから「正しい計画」を立てようとは考えていないので、ざっくりと、おおまかに、テキトーに数字を割り振っておしまい、です。


数字は早く決めるのが正しく、根拠や妥当性は二の次です。

赤字の会社であれば、経常利益はゼロでもかまわない。ゼロは損益分岐点で、赤字が2000万円の会社であれば、「ゼロ=2000万円の純利益」と同じです。

スタートする前から、数字（目標）の正しさを求める必要はありません。とりあえずテキトーに数字を決めて、実行する。

実行すれば、具体的な実績が出るので、目標と実績の差を見て、目標が高すぎる（あるいは低すぎる）のであれば、そのときに修正すればいい。

最初から完璧な計画を立てても、市場のニーズとのギャップが出る。だとすれば、最初は仮説としてテキトーな計画を立て、仮説にもとづいて実行し、結果が出てから対策を練る。それが、現実的な利益目標の立て方です。

③「売上」より先に「経常利益」を決める

経営計画を作成するとき、多くの社長が最初に「来期の売上」を決めます。ですが、今期の総売上の対前年比5％増、10％増と売上を先に設定し、それにもとづいて仕入はいくらで、粗利益はいくらで、給与は……、経費は……と計算（引き算）していくと、利益がなかなか残りません。

私は「売上」よりも先に、「経常利益」の目標を決めています。

経常利益は、営業利益（本業で稼いだ利益）に、本業以外の損益を加えたものです（営業外収入、営業外費用を足し引きする）。

最初に経常利益を決めて、その後、「損益計算書」（P／L）を見ながら、「下から上へ逆算」していきます。P／Lをさかのぼっていくと、利益計画の詳細が自動的に決まります。

逆算1「経常利益」を決める

「これだけほしい」という金額をテキトーに決めます。根拠や正当性はいりません。

逆算2「営業外費用」を計算する

営業外費用に含まれるのは、借入金の利息として支払う費用、社債を発行したときに必要な費用、などです。

★営業外費用＝借入金×金利

逆算3「営業外収益」を計算する

営業外収益とは、企業の本業以外の活動で経常的に発生する収益です。受取利息、不動産賃貸料収入、雑収入があれば加算します。

★営業外収益＝定期預金×金利

逆算4「営業利益」を計算する

営業利益とは、会社が本業で稼いだ利益です。

経常利益は、会社の本業の利益である営業利益に対して、通常の営業活動以外の収益を足して、営業活動以外の費用を差し引いた利益です。

★営業利益＝経常利益＋営業外費用－営業外収益

※経常利益＝営業利益＋営業外収益－営業外費用

逆算5「減価償却費」を計算する

業種によって多少異なりますが、私のセミナーに参加した95％の会社の減価償却費が「有形固定資産の15％」程度でした。有形固定資産とは、建物、車両、建築物、機械装置、実体のある資産です。

★減価償却費＝有形固定資産×15％

逆算6「販売促進費」を計算する

会社の業績が悪いのは、売上不振が原因です。

販売不振で業績が悪いのであれば、徹底して「お客様の数が増えるところ（部門や商品）」にお金を使うことが大切です。

わが社は、「売上の12％」を販売促進費に使っています。お金を使ってお客様の数を増やすことが正しい戦略です。

世の多くの会社は、利益が出なくなると、「経費削減」といって販売促進費を最初にカットします。ですが私は、「販売促進費」は減らさずに、「賞与」を減らします（笑）。

逆算7 「経費」を計算する

経常利益を達成するために「これ以上は使えない金額」を計算します。経費は、「この計算から算出された額しか使わない」のが基本です。

私は経費を**「攻めの経費」**と**「守りの経費」**の2つに分けて考えています。

・「攻めの経費」……**新規事業、新規出店、新規お客様開拓のための販売促進費**
・「守りの経費」……**既存事業のための人件費、役員報酬、減価償却費、経費**

新規事業は、あくまでも「現在の収益」を確保した上で進める。「攻めの経費」と「守りの経費」がはっきりしていれば、「新規事業に投資できる額」が把握でき、新規事業が赤字でも、既存事業で利益を上げることができます。

業績を上げるために必要なのは、経費を下げることではなく、**お客様が喜ばれることに経費を使うこと**です。

ライバル会社が経費を削減してお金を使わないなら、**「ライバル会社よりも強いところ」にお金を使う**と業績が上がります。

マーケットが小さくなることはあっても、マーケットがなくなることはありません。急に半分以下になることはない。せいぜい2割くらいしか変わらない。

ですから、経費を減らして支出を抑えるという目先のことではなく、今後に向けて

「お客様を増やすためにお金を使う」ことが大切です。

新規契約が1件も取れなくても、給料は下がりません。社員がサボっていても、給料は減らない。どの社員も、基本給は在社期間に正比例して増えていきます。会社の中で一番多い経費が給料。一般的に、会社の経費の半分が給料です。

例外なくどこの会社も、期間に比例して経費がかかる。会社の家賃、人件費などの固定費は、売上が上がっても下がっても、いつも同じだけかかります。

会社の業績を良くするには、売上を上げる（＝お客様の数を増やす）しかない。売上がアップすればそれが粗利益になり、増えた分だけ儲けになります。

★経費＝粗利益額－人件費－販売促進費－減価償却費－営業利益

逆算8「人件費」を計算する

100％に近い確率で達成できる、会社で一番大きな経費です。

★人件費＝平均給与×人数

逆算9 「粗利益額」を計算する

粗利益額とは、商品の販売価格から仕入原価を差し引いた「差額」です。**会社の実力を示すのは、「売上」ではなく、「粗利益額」**です。

会社の利益が出るかどうかは、「固定費を上回る粗利益額が出ること」が大前提です。「粗利益額」がわかれば、会社が生き残るために「いくら稼ぐべきか」が明確になります。どんなに売上を増やしても、粗利益額が固定費を下回れば、会社は赤字になります。

経費を減らすのは社員でもできるが、粗利益額を増やすのは社長以外にできません。多くの会社の社長は「利益率を高く」とか、「労働分配率を下げたい」と言いますが、それは間違いです。

固定費をまかなうだけの粗利益額を稼ぐためには、「数を売る」しかありません。商品を早く回転させてたくさん売り、固定費分の粗利益を稼ぐことが大切です。

★粗利益額＝人件費÷労働分配率（％）×100

※一般的に労働分配率は、小売業では40～50％、全産業でも40～60％

逆算10 「仕入」を計算する

★仕入＝売上－粗利益額

逆算11 「売上」を計算する

売上は、マーケットにおける会社の地位を示す数字です。経常利益から逆算した結果として、最後に導き出されます。

★売上＝粗利益額÷粗利益率（％）×100

④目標の数字は「大きく」掲げる

社長が「いくらほしい」と決めれば、それが目標額になります。

今期の経常利益10％増でも、50％増でも、倍増でも、「これだけの経常利益を出す」と決めればいい。

私は「目標は、その通りにいかないことが大切」だと思っているので、目標の数字を大きく掲げています。

前期の経常利益が1億円の会社が、「対前年比102％」の利益目標を達成（100％）した場合、経常利益は、「1億200万円」です。

一方、「対前年比150％」の利益目標を立て、達成率が「80％」だと、経常利益は「1億2000万円」になります。

利益目標は社長が自由に決められるので、低く設定すれば、100％達成できます。反対に、高く設定すれば、達成できません。

ですが、経営における正しさとは、利益目標を「100％達成すること」ではありません。

利益を出すために大切なのは、目標を達成することではなく、金額を稼ぐことです。

私はこれまで、目標を達成したことが一度もありません。目標の数字を大きく掲げ、「過去に一度も達成したことがない」のが自慢です。

・経営計画の数字は、逆算で決める

項目	目標	計算額	
売上	300	⑪	粗利益額÷粗利益率（%）×100
仕入	150	⑩	売上－粗利益額
粗利益額	150	⑨	人件費÷労働分配率（%）×100
人件費	100	⑧	平均給与×人数
経費	40	⑦	⑨－⑧－⑤－④
販売促進費		⑥	
減価償却費	3	⑤	有形固定資産の15%
営業利益	7	④	①＋②－③
営業外収益	1	③	定期預金×金利
営業外費用	2	②	借入金×金利
経常利益	6	①	社長が決定する

上の表の「計算額」の①から順番に、②、③、④……⑪と決めていく

目標を達成して喜ぶのは、計画が甘かっただけ。「自分が努力していなかった」という評価にすぎません。

目標と実績のギャップを埋めることで、利益が生まれる

「株式会社ヤマデン」（プラスチック加工）の山口臣賢社長も、「以前は、具体的な利益目標を持っていなかった」と言います。

「せいぜい売上目標があったくらいですね。対前年比10％とか15％を目安にしていましたが、『どうやって達成させるのか』の具体的な方法は決めていなくて、あったのは、『がんばって、気合い入れて、数字を上げてこい』という精神論だけでした（笑）。

ところが小山社長から『その通りにいかなくてもいいから、高い目標を立てなさい』と教えていただき、その目標から逆算して、『何をすべきか』考えたところ、会社の方針が決まってきたんです。会社の方針が決まったことで、品質が安定し、納期が守られ、結果的に業績の安定にもつながっています。

もちろん、目標通りにはいきません。でも、『目標通りにならないこと』が大切だと感じています。

なぜなら、**目標と実績のギャップを見つけることが、マネジメントであり経営**であることに気がついたからです。

小山社長がおっしゃっている『デタラメでもいいから計画を立てろ』という言葉の意味が、少しずつ理解できるようになりました」（山口臣賢社長）

売れるか売れないかは、価格ではなく「ラブストーリー」で決まる

原価積み上げ方式では利益が出ない

多くの会社は、「原価積み上げ方式」で利益を出そうと考えています。

原価積み上げ方式とは、仕入原価に必要経費を加えて、これに利益を上乗せして商品やサービスの価格を決める方式です。

「100円で仕入れた商品に30%乗せて130円で売る」といったように、仕入れた商品の代金（仕入原価）に、ある一定の比率を乗じて、販売価格（売値）を決めるのが世の中の主流です。

原価割れしない安心感があり、マーケットの分析（需要の分析）をしなくても、単純にコストから計算して価格を決めることができます。

しかしこの方式は、設定した販売価格に対して、「お客様がどう反応して、需要がどう変化するか」が考慮されておらず、お客様に受け入れられる（売上につながる）保証がない。

そこでわが社では、原価積み上げ方式による値づけはしません。

では、どのようにして販売価格を決めているか、

「お客様の満足度」

で決めています。

利益が出ない原因のひとつは、「お客様の満足度がどこにあるのか」を無視して価格設定をしていることです。

大切なのは、需給のマッチングです。武蔵野の業績がいいのは、商品構成も、商品の販売価格もすべて「お客様の声」を起点にして考えているからです。

商品の価格は、お客様の満足度に比例して高くなります。「1枚1000円」のタオルでも、「イチロー選手が、メジャー通算3000本安打を達成した試合で使用したタオル」だと、「10万円」で売ってもいい。なぜなら、「イチロー」という付加価値がつくことによって、お客様の満足度が上がるからです。

2泊3日150万円の超高額セミナーに人が集まる理由

武蔵野でもっとも高額な商品は何かというと、「実践経営塾　プレミアム合宿」です。合宿型の研修（現在は2泊3日）で、費用は「150万円」です。

今から5年ほど前、経営サポートパートナー会員の社長数人から、「受講料は高くてもいいので、少人数制のセミナーをつくっていただけませんか?」の提案があった。

そこで私は、「実践経営塾　プレミアム合宿」（3泊4日　15人限定）の少人数制クローズドセミナーを設計した。

プレミアム合宿は、「2人」参加で損益分岐点を超える高収益商品です。

定員は15人で、満席になれば、「13人分」（150万円×13人＝1950万円）が利益になります。

そのプレミアム合宿に参加した社長が、口々に「150万円は安かった」と満足するのは、参加した社長にとって、

「同じ収入なのに、手持現金が大幅に増加した」

「少人数制クローズドセミナーでなければ話せない社員のドロドロ、社長自身のドロドロ、会社のドロドロを相談、解決できた」

「小山昇の直接指導を受け、会社で実践した結果、受講料以上の利益を会社にもたらすことができた」

など、「150万円以上の付加価値があった」からです。

当初、プレミアム合宿は、「3泊4日　15人限定」で行われていました。年に2回しか開催していなかったため、年間30人しか参加できません。人気のあるセミナーで、「1年半待ち」の状態が続いた。

あるとき、プレミアム合宿へ参加していた株式会社小田島組の小田島直樹社長が、武蔵野の社員に向かって、「3泊4日ではなく、2泊3日でも十分に価値がある」と漏《も》らした。

その情報を耳にした私は、「そうか。じゃあ、2泊3日に変えちゃえ。2泊3日ならオレのスケジュールも取りやすいし、年3回以上開催できる」と考えて、プログラムをただちに変更することにした。

私は、

「3泊4日／15人限定／年2回開催」

のセミナーを

「2泊3日／12人限定／年6回開催」

に変更しました（開始時間を早めるなど、細かなプログラム変更も実施）。

すると、キャンセル待ちがなくなり、「受講日が1日減った」「参加人数が3人減った」ことで、受講者の満足度がさらに上がった。

もちろん、お客様満足度に比例して、武蔵野の利益も上がりました。

「3泊4日／15人限定／年2回開催」のときは、1回につき「1950万円」の利益が出て、年2回で「3900万円」（1950万円×2回）です。

「2泊3日／12人限定／年6回開催」に変更して、損益分岐点の2人分を引いて計算すると、1回につき、「150万円×10人＝1500万円」。

年6回開催すると、「1500万円×6回＝9000万円」。

「年間3900万円」だったプレミアム合宿の利益は、「年間9000万円」に増えました。

付加価値とは、商品に「ラブストーリー」をつけること

付加価値とは、商品に「ラブストーリー」をつけることです。

私の「かばん持ち研修」は、朝6時から仕事が終わるまで、食事のときも、トイレのときも（笑）、小山昇のそばについて、経営の考え方とやり方を学ぶ現場研修プログ

ラムです。

費用は、３日間で１０８万円（１日36万円）。

決して安くはありませんが、１年先まで予約で埋まっています。私は多い日は１日に「１万歩」歩くから、「１歩＝30円」の計算です。

リピートする人が多く、10回以上、私のかばん持ちをしている社長もいます。なぜ、それほど人気があるのか。

- 「小山昇と時間や場所を共有できる」
- 「隠しごとはなく、現場、現実、現物のすべて見せてくれる」
- 「小山昇の考え方を毛穴から吸収できる」
- 「かばん持ちで学んだことを持ち帰ると、会社が変わる」

といったラブストーリーがついている。

購入者の「声」がラブストーリーになる

商品にラブストーリーをつけるには、

「お客様に喜ばれたこと」

「ほめられたこと」

を、そのままストレートに他の人に伝えることです。

したがって、その商品を買った（利用した）お客様に、

「この商品をなぜ買ったのですか？」

「この商品をどうやって知ったのですか？」

と聞いてみて、その中から、多くの人が関心を持つことをラブストーリーにすればいいでしょう。

価格が安くても、ラブストーリー（付加価値）がない商品は売れません。

反対に、価格が高くてもラブストーリーがある商品（高付加価値の商品）は売れる。

商品が売れるか、売れないかは、「販売価格」で決まるのではありません。

ラブストーリー（付加価値）があるか、ないかで決まる。

ボトルネックの解消が会社に利益をもたらす

儲からないのは、「今のやり方が正しい」との思い込み

「実践経営塾」の参加者が増えたとき、私は会場の抜本的な見直しをしました。
見直したのは、参加者が使う「机の長さ」です。

かつては、参加者ひとりにつき、「１８０センチの机」を用意していたが、「１８０センチの机」をすべて「１５０センチの机」に買い直してホテルにプレゼントした。
机の長さを1台につき「30センチ」短くした結果、「１８０センチの机」を使ってい

たときよりも、会場に入れられる机の数が「4台分」（4人分）増えた。

「実践経営塾」の参加費は、「180万円」（全4回のセミナーと、5日間の合宿を含む）で、机が4台増えたことで、「180万円×4人＝720万円」の売上増になりました。

私がしたのは「180センチの机」を「150センチの机」に変えただけで、「実践経営塾」に参加できる人数が4人増え、売上も、ホテルの売上も上がり、一石三鳥の結果になった。机が小さくなったことに気づいた参加者は、ひとりもいません。

また、会場に設置したプリンターを25台、すべて一新したこともあります。

以前は、参加者のコンピューターとプリンター間を無線LAN接続で使用していましたが、たくさんの人が一度にプリントアウトすると回線が混雑してしまい、作業が滞った。

そこで、1台50万円する最新型のプリンターを2人に1台ずつ購入し（計25台で購入費用は計1250万円）、無線LAN接続ではなく、プリンターケーブル（有線）でつなぐ方式に変えました。

すると混雑（順番待ち）がなくなり、参加者の作業がスムーズになった。作業スピードがアップした結果、これまで「6日間」かかっていたセミナーが「5日間」で終わるようになった。

6日間かかっても、5日間で終わっても、参加者からいただくセミナーの代金は変わりません。そのうえ、ホテル代や社員の日当が減る。プリンターの買い替えコストが1250万円でも、それ以上の大きな利益を生み出すことができた。

「儲からない」のは、社長の「無知」が一番の原因

セール品を販売しているのに、なぜ利益が倍増する？

売上が「100」、仕入が「50」、粗利が「50」、人件費が「50」、経費が「10」の商品（あるいは事業）では、この商品は、「10」の赤字です（人件費と経費の合計が粗利よりも「10」多くなるため）。

このとき、収益の構造がわかっていない社長は、「これは儲からない商品だから、販売するのは、やめよう。赤字の商品をやめれば利益が出る」と考える。

ですが、この商品の販売をやめると、利益が増えるどころか、逆に赤字が増えます。なぜなら、販売をやめたところで、固定費（人件費と経費）は、やめる前と同じだけかかるからです。

赤字商品から撤退した場合、売上が「0」、仕入が「0」、粗利が「0」、人件費が「50」、経費が「10」になるので、「60」の赤字（人件費＋経費）になります。したがって、人を減らして固定費をなくさないかぎり、この商品から撤退しても、業績は改善されません。「50」の粗利がなくなるため、かえって赤字が深刻になります（次ページ参照）。

増分売上のしくみ（なぜ赤字の商品をやめてはいけないのか）

商品X

売上	仕入れ	粗利	人件費	経費	赤字
100	50	50	50	10	10

この商品の販売を
やめると……

売上	仕入れ	粗利	人件費	経費	赤字
0	0	0	50	10	60

赤字は深刻になる

一方、売上が「100」、仕入が「50」、粗利が「50」、人件費が「30」、経費が「10」の商品（事業）で、この商品は「10」の黒字です。

黒字が出ている会社は、「バーゲンセール」などをして商品を安く売っても、利益を大幅に増やすことが可能です。

多くの社長は、「商品を安い価格で売ると儲からない」と思っているが、そんなことはありません。**黒字の会社は、商品を安く売っても利益を出すことができます。なぜなら、「固定費はほとんど増えない」からです。**

前述した、売上が「100」、仕入が「50」、粗利が「50」、人件費が「30」、経費が「10」で、「10」の黒字が出ている商品を「A」とします。

そして、「A」で利益が出ている上で、セール品「B」を販売すると、利益はどうなるか。

セール品「B」は、売上が「50」、仕入が「30」、粗利が「20」です。セール品「B」

増分売上のしくみ（なぜ赤字の商品をやめてはいけないのか）

商品A

売上	仕入れ	粗利	人件費	経費	黒字
100	50	50	30	10	10

セールを行うと……

セール商品B

売上	仕入れ	粗利	人件費	経費	黒字
50	30	20	0	2	18

商品Aの黒字「10」＋セール商品Bの黒字「18」＝28
商品Aだけを扱っていたときの「約３倍の利益」が出る！

売上	仕入れ	粗利	人件費	経費	黒字
150	80	70	30	12	28

の販売をはじめたからといって、人件費が増えることはありません。商品「A」を売っていた人がセール品「B」も一緒に売ればいいからです。ですから人件費は「0」、経費は、宣伝などに多少お金がかかるので「2」とします。

すると、セール品「B」は、「18」の利益が出る計算です（粗利20－経費2＝18）。

商品「A」とセール品「B」の利益を合算すると、「10＋18＝28」。セール品「B」を安い価格で販売しても、商品「A」だけを扱っていたときの「約3倍の利益」が出ていることがわかります。

「増分売上」がわかれば、固定費を変えずに利益を出せる

このように、**人件費などの経費を変えずに利益を増やすことを「増《まし》分《ぶん》売《うり》上《あげ》」といいます。**

飲食店は、アイドルタイム（一番来客の少ない時間帯、クローズタイムのないお店では14時〜16時）を活性化させれば（来客数を増やすことができれば）利益増につな

がります。

「有限会社そのべ」（福島県／園部幸平社長）は、福島県内で飲食店（「幸世庵」「茅の器」）を経営しています。

園部幸平社長は、「アイドルタイムの間にも、人件費をはじめ、家賃や減価償却費などの固定費はかかっていて、アイドルタイムを儲けの出る時間帯に変えたい」と考えました。そして、「14時～16時」の間に「法事の予約」を入れることにした。

法事なら、新たなインフラを用意する必要はない。設備投資も固定費も変わらない。増えるとすれば多少の光熱費と人件費ですが、法事はお客様の人数も多く、予約でキャンセルがなく、材料のロスもなく、十分にまかなうことができる。その結果、園部社長は、固定費を上げずに増分の売上と利益をつくることができた。

多くの社長は「儲からない」と嘆きますが、**「儲からない」のは社長が無知だから。社長が「儲かるしくみを知らないから」**です。

利益は「最低限」残して、あとは未来に投資する

武蔵野が増収を続けられる理由

このごろは少なくなりましたが、7～8年前までは、「武蔵野さんは、売上の割に、経常利益が少ないですね」と言われることがありました。

この見解は間違いです。

「経常利益が少ない」のではありません。

私が**未来にお金を使って**、**経常利益を意図的に「少なくしていた」**からです。

多くの会社は、利益が上がると、内部留保にします。ところが、私は違います。「常に経営革新を行って、潰れにくい体質にする」ために、未来に投資することを優先しています。

前期の利益が「50」ならば、今期はそれを少し上回る「51」、来期も少し上回る「52」出せればいいと考えています。

ですから、今期に「80」の利益が出るのなら、「51」だけ利益を残して、「29」は未来への投資に使います。

武蔵野が「16年連続増収」を達成できたのは、理由があります。それは私が、「大幅増益での着地を考えていない」ことです。

前年2000万円だった利益が、今年は「1億円」になったとき、多くの社長は内部留保を増やします。

ですが私は、1億円のうち「2500万円」だけを利益として残し（前年よりも5000万円だけ増益する）、あとの7500万円は、未来にすべて使い切ります。

その翌年の利益が3000万円としたら、

「2000万円→2500万円→3000万円」

と増え続けて、増益になります。

ところが、今年の利益を「1億円」にすると、

「2000万円→1億円→3000万円」

となるため、黒字であっても「減益」になってしまうわけです。


私は、利益が出たら、次の順番で未来に投資しています。

①お客様の数を増やすこと
②社員教育
③インフラの整備
④経常利益

①お客様の数を増やす

継続的に売上を上げるには、次の2つの考え方しかありません。

（1）顧客単価を上げる
（2）お客様の数を増やす

多くの会社が顧客単価を上げようとするが、それは間違いです。お客様は、

- 「決めた金額以上は払わない」
- 「ひとつのお店ですべての買い物はしない」

という傾向があるので、顧客単価を上げるのは難しい。

だとすると、会社の業績を伸ばすには、「お客様の数を増やす」しかありません。

お客様の件数が10件で、売上が合計で10万円で、お客様の件数が20件になり、売上

が20万円になることを「成長」と言います。

お客様が10件のままで売上が20万円になることは「膨張」と言います。お客様が増えない成長はありません。

お客様の顧客単価が大きな額になっても、手放しに喜んではいけない。かえって「危険」と思うのが正しい。なぜなら、「膨張すると、やがて弾ける」からです。

かつて、ダスキンメリーメイド事業部とサービスマスター事業部のお客様で、1件の顧客単価が「130万円」のお客様がいらっしゃいました。ですが、そのお客様が解約になり、アタフタした。


主力事業のひとつであるダスキン代理店業務は、薄利多売のビジネスモデルです。にもかかわらず、わが社の労働分配率は比較的高い。

月々1000円のマットを1件ご契約には、およそ1万円もの経費がかかります。販売にもコストがかかるから、粗利を50％程度とすれば、利益が出るのは、「1年半後」です。

すなわち、既存のお客様だけをルーティンで回っていたほうが、新規開拓のコストが抑えられるため、利益を出せる事業構造です。

しかし、新規開拓をしなければ、わが社に未来はない。だから「お客様を増やすこと」に利益を投資します。

②社員教育

私は、社員教育に時間もお金も、惜しみなく投入しています。10年前の第44期は、粗利益「25億円」のうち、「約1億円」を教育研修費に注ぎ込んでいます。

同じ事業規模の会社に比べて、社員教育にかけるお金は、かなり多い。取引をしている銀行から、「教育研修費を半分にして、もっと利益を出しほうがいい」という指摘をいただいたことがあります。

ですが私は、社員教育を怠ったとたん、業績も尻つぼみになると考えています。**社**

員の定着と会社の成長のためには、教育研修費を惜しんではいけない。

これからの時代は、販売戦略ではなく、「人材戦略」に力を入れた会社が勝ち残ります。

中小企業にとって、人材の成長が、会社の成長です。「人」と「利益」は比例関係にあって、人が成長すれば、それにともなって会社の業績も良くなります。商品やサービスはどの会社もすぐに真似できるが、人そのものは決して真似できません。

社員教育に力を入れている会社はほかにもありますが、多くの会社は、営業教育や技術教育など小手先のスキル教育にとどまっていて、会社の価値観や方針を教えていません。だから、「技術が流出」などと大騒ぎする。

また、社員教育は、本来は無形固定資産ですが、測るモノサシがないから、全額「経費」になる。**利益が出ている会社が社員教育をすると節税にもなります。**

たしかに中小企業にとって、社員教育にお金をかけるのは、大変です。しかし、私が指導してきた会社の中で、「社員教育にお金をかけすぎて倒産した会社」は、1社もない。

中小企業は、「お金と手間をかけて社員を教育する」以外に利益を出し続ける方法はありません。

③インフラの整備

1億円で購入した機械が、3年後にモデルチェンジした。新型の機械は旧型に比べて「30%」生産性がアップしますが、販売価格は旧型よりも5000万円高い「1億5000万円」です。

このとき多くの社長は、「30%生産性が上がるとはいえ、販売価格が1億5000万円もするのは高すぎる」「まだ使える機械を手放すのはもったいない」と考えます。

でも私は、旧型機がまだ使えても、躊躇《ちゅうちょ》なく新型機を購入する。

わが社は、サーバーもパソコンも、タブレットもプリンターも、できるかぎり最新機種を導入しています。

「まだ使えるのに、買い替えるのはもったいない」と思われるかもしれません。けれど、個人はものを大切にするのが正しくても、**会社は、ものをすぐに買い替えるのが正しい。**ITツールは、新しい世代のほうが、処理スピードも省エネ性能も高いです。

最新機種のプリンターやコピー機を使えば、印刷時間が短縮されて、それだけ仕事を早く終わらせることができます。

また、最新機種のパソコンは処理能力が高く、旧モデルよりも作業効率がアップするため、パソコンも定期的に買い替えます。

「株式会社ミスターフュージョン」（ｗｅｂマーケティング）の石嶋洋平社長は、社員が使用しているパソコンの起動時間とソフトの処理にかかる時間をチェックしたことがありました。

すると、ひとり「1日約12分」もかかっていることがわかった。この12分間は、作業ができない時間です。

週に5日仕事をすると、1週間で1時間、1ヵ月で約4時間、1年間で約48時間は、待機しているだけです。

社員が10人なら、1年間で480時間も、「作業ができず、パソコンの前に座っているだけ」のムダな時間が生まれる。

このことがわかってから、ミスターフュージョンでは、毎年パソコンを新しくしています。処理速度の速い高性能のパソコンを導入して、ムダな時間を少しでも減らしたほうが生産性が上がるからです。

武蔵野は、アルバイト・パートも含め、全従業員にタブレット端末（iPadやiPad mini　650台）を支給しています。金額にして、「ウン千万円単位」の投資です。

ITへの投資を「もったいない」「高い」と考えるのは、儲かるための計算式を持っていない証拠です。

単純に時給を1000円とすれば（残業代はもっと高い）、月40時間で4万円。2ヵ月で8万円です。

タブレット端末を1台8万円で買っても、2ヵ月でおつりが出る。実質的な償却は2ヵ月で終わるから、残る10ヵ月は純利益になる。また、仕事が早く終わって残業が減れば水道光熱費も減る。

つまり、1台8万円のタブレット端末は、「安い」と考えられる。

iPadを導入した当初は、私も「電話代（通信代）がもったいない」と思い、200台はセルラーモデル（携帯と同じように好きな場所で使えるモデル）にしたものの、残りの300台は、Wi-Fiモデルでした。

ところが、Wi-Fiモデルだと通信手段がWi-Fiに限定されるため、街中で使うには不便。せっかくiPadを持って外に出ても、Wi-Fiを受信できる場所でなければ、使うことができなかった。

そこで、全台、セルラーモデルに替えました。電話代は増えますが、「いつでもどこでもiPadが使える」ようになったため仕事が効率的に進み、残業代が減った。

結果的に、増えた電話代よりも減った残業代のほうが大きくなって、生産性が上がった。

④経常利益

最後に、「経常利益」です。普通の会社は、利益が出たら「経常利益」を最優先しますが、私は最後です。

なぜなら、**社長の仕事は「会社を潰さないためにお金を使うこと」であって、「お金を残すこと」ではない**からです。

私の若いときは貯金をせず、給料はすべて使い切っていました。私は44歳で結婚をしました。当時の年収は２２００万円以上ありましたが、貯金は33円。定期預金は当然なし（笑）。

下世話な話で恐縮ですが、私は独身時代に、「歌舞伎町の夜の帝王」というあだ名がつくほど、いろいろなクラブに精通していました。

なぜその名がついたかというと、会社が儲かっていても、自分の給料が高くても、派手に遊ばなかったからです。

派手に遊ぶと長続きしません。クラブに行って、ほとんどの人が「オールドパー」を飲んでいた時代、私は、どの店でも「スーパーニッカ」を飲んでいました。

「オールドパー」しかない店では、オールドパーの瓶に、スーパーニッカを入れ替えてもらって飲み、代金はオールドパーで払っていた。

人から見るとオールドパーを飲んでいるように見えますが、中身はスーパーニッカ。

私が歌舞伎町で絶大なる信用を得ているのは（笑）、会社の景気が良いときも、業績が悪いときも、いつもと同じように飲んでいたからです。

クラブ通いも、会社経営も、「長く続ける」ことが私の目的でした。

「もったいない」と思われるかもしれませんが、そのおかげで、私は多くの体験をしました。貯金をしていたら、同じ経験は当然ながらできなかった。

「儲ける」ことよりも大事なことは、「潰れない体質」をつくることです。必要最低限の利益を確保したら、あとは未来に投資すべきです。

武蔵野は、「今期はいくら利益を出す」と決め、それ以上の利益が出たら、すべて未来に投資しています。

それどころか、利益が出るとわかったら、先行投資する。「利益が出てから」ではなく、**「利益を出すために」先にお金を使う。**だから、武蔵野は強いです。

「やりたいこと」より先に「やらないこと」を決める

「やること」を先に決めると、結局なにもできない

多くの社長は、「あれもやりたい」「これもやりたい」という**「思い」**をたくさん書きたがりますが、「やりたい、やりたい」という**「思い」**ほど、**「重い」**ものはありません。

「経営計画書」に「あれも、これも」とさまざまな「方針」を盛り込むと、社員は「放《ほう》心《しん》」状態になります。

「やること」から決める人は、何もかもが散《さん》漫《まん》になってしまい、結局はなにもできず

に終わってしまう。

「この仕事も可能性があるかもしれない」「この仕事を断るともったいない」「この仕事は続けよう」と未練を残す。だから、うまくいかない。

小学1年のときは野球、2年は陸上、3年は水泳、4年はバスケット、5年はバドミントン、6年はサッカーを習った子どもは、結果的にどのスポーツも上達しません。たくさんのことを教えると、どれも中途半端になります。「いろいろできる」ということは長所ではなく、「能力がない」と同義です。

経営計画を立てるときは、「やること」を決める前に、「やらないこと」を決めることが先決です。

「たとえやりたくないことでも、利益を上げて会社を発展させるためなら、計画に盛り込むべきだ」

と信じている社長もいますが、その考えは間違いです。

「やらないこと」を徹底するから、「やるべきこと」が浮き彫りになって、軸がブレずに、迷いがなくなります。

私が馬券を買うときは、18頭立てのレースでも3頭だけしか買いません。仕事も遊びも、「やらないこと」から決めています。だから迷わない（笑）。

私が利益を上げるために「絶対にやらない」と決めていることが「5つ」あります。

それは、

①全国展開（商圏の拡大）
②無借金経営
③支払手形発行
④長時間労働
⑤鉄砲ビジネス

です。

①全国展開（商圏の拡大）

今日《こんにち》の武蔵野があるのは、事業領域が狭く、深いからです。**中小企業は、「狭く、深く」のほうが利益が出やすく、人も育ちやすい。**自社が提供しているサービスのうち、お客様の需要がもっとも高いものを見極め、経営資源を集中させる。そのほかの業務やサービスは縮小するか外注、あるいは潔く切り捨てたほうが業績は上がります。

会社の利益はシェアに正比例で、中小企業は、自社と同じサイズの「小さなマーケットで大きなシェアを取る」のが正しい。

シェアを広げる（お客様の数を増やす）には、**「ランチェスターの法則」の第一法則「弱者の戦略」**に則《のっと》ります。

ランチェスター戦略では、

（1）単品ビジネスなら「2位に3倍の差」

（2）2社間競争（一騎打ち）なら「2位に3倍の差」

（3）複数の製品カテゴリーを扱うなら「2位に約1・7倍差」

（4）3社以上の競争なら「2位に約1・7倍の差」

をつけることができれば、優位に立てる。したがって、ライバルに勝つためには、2位との差が十分に開くまで、戦力を増強し続けなければなりません。

そのためには、大きな商圏に出るのではなく、

・「小さな市場で大きなシェアを築く」

・「ターゲット（どの商品を、誰に売るのか）を決めて重点化する」

といった戦略が必要です。

ダスキン事業では、かつて目黒区、北区、川崎市、山梨県の一部地域にまで広がっていたテリトリーを4分の1に縮小。本社のある小金井市周辺に経営資源を集中させたことで、シェアを伸ばすことに成功しました（現在のシェアはホームサービス約85%、ビジネスサービス約31%）。

新規獲得件数やライバル奪取などの数字目標

2. 目標

（1）ライバル奪取件数1,000件
（2）新規獲得件数8,000件
（ビジネスサービス1,000件、ホームサービス7,000件）
（3）ケア定期獲得件数120件
（SM72件、MM48件）
（4）他事業部紹介お客様件数1,400件
（ダスコン1,200件、ケア200件）

※株式会社武蔵野の「第52期 経営計画書」の「販売に関する方針（ダスキン）」より抜粋

②無借金経営

中小企業の社長の多くは、「無借金経営」を目指します。けれど私は、積極的に借金をして、「実質無借金経営」を心がけています。

一般的には「借金はしてはいけないもの」と考えられています。無借金経営を続ける社長は、優秀な経営者として認められます。しかし私は、借金は「していいもの」「するべきもの」だと考えています。

経営は、現金にはじまり、現金に終わる。お金は、会社の血液です。借入をして血液（＝お金）を回し続けないかぎり、生き残れません。血液の流れが止まったとたん、会社は倒産します。

「借金は未来への投資」です。設備投資するときも、新規事業をはじめるときも、お金は必要です。「利益が出てから設備投資をすればいい」とのんきに構えていては、時代の変化に取り残されてしまう。

借入をすると、「銀行に支払う金利がもったいない」「できるだけ金利を安くしたい」と考える社長がいますが、私は「金利が高くても、額を多く借りるほうが大切」だと考える。

もし「金利が高い銀行」と「金利が安い銀行」の2行から融資の申し出があったとき、多くの社長は「金利が安い銀行」からお金を借ります。

ですが私なら、「両方の銀行」から、目いっぱい借りる。会社を経営するうえで大切なのは、「金利」ではなく「金額」です。金利は気にせずに、「必要なだけの額を借りる」のが正しい。

金利を払えば、経常利益は少し減ります。ですが、**「金利は、会社を成長させるための必要経費」と考える。**

また、無借金経営の会社は、いざというときに、銀行に助けてもらえない場合があります。今まで一度も借入のない会社が突然融資を求めてきたら、銀行は「危ないのでは？」と警戒する。

銀行は「過去の実績」に対してお金を貸すのであり、「はじめてのこと（未来の事業・新規取引）」に対しては、必要以上に慎重です。

武蔵野が必要のない借金をしているのは、「いざというとき」に備えるためです。

私は、金利を払って時間を買っています。何の時間を買っているのかというと、「大赤字になったときに、会社を立て直すための時間」です。

今期と来期の2期連続で大赤字になった。すると銀行は、お金を貸してくれなくなる。でも現預金を持っていれば、会社を立て直す時間をかせぐことができる。

自分でコツコツ貯《た》めた1億円も、銀行から借りた1億円も、「金利を払うか、払わないか」の違いがあるだけで、どちらも同じ1億円です。自分で貯めようとすると、実際には2億円稼がなければなりません（税金などがあるため）し、時間が必要です。

一方で、銀行から借りる1億円は、返済実績を積み、信用力を高めれば、なくなってもまた借りることができます。

だとしたら、自分で貯めるよりも、銀行から貸してもらえる信用力をつけたほうが

「無借金経営」は絶対やらない

2.定量

（1）**財務体制を充実**して、預金と普通・固定預金の合計で長期借入金を上回り、**実質無借金経営**にする。

（2）**節税で長期借入金を増やし、月商の3倍の現金・普通預金を確保し、緊急支払い能力を高める。**

〈中略〉

（5）**売上は増やすが、売掛金と在庫は増やさない。前受金を増加させる。**
困った時の銀行頼りはしない。その事業を止める。支払手形を発行しない。

（6）**無駄な資産**を持たず、総資産を**圧縮**する。
設備投資は、お客様が増加する事と、仕事が改善出来る事とする。

（7）**借入金は長期とし、総額を15億円以下にする。**

〈後略〉

※株式会社武蔵野の「第52期 経営計画書」の「資金運用に関する方針」より抜粋

いい。

経営を安定させるには、銀行から融資を受け、毎月きちんと返済する。**「融資実績」と「返済実績」を積み重ねていくことが大切**です。

とくに低金利の時代であれば、銀行からの借金を躊躇《ちゅうちょ》してはいけない。「借りられるうちは借りる」のが原則です。

「無借金経営は正しい」「借金はしたくない」と思っている社長は、今すぐ考えを改めるべきです。経営にとって大切なのは、規模の拡大です。規模の拡大は、すなわち、お客様の数を増やすことです。

金利は少し高くてもいいからたくさん借りる。借りたお金はお客様を増やすため、あるいは、ライバルとの差をつけるために投入するのが正しい。

「ランドマーク税理士法人」（税理士）の清田幸弘代表も、積極的に銀行からの融資を受けています。

一般的に税理士や会計士は、顧問先の社長に、「借金はしないほうがいい」とアドバイスをしますが、清田代表はその逆。「安定的に利益を伸ばすためには、借金が必要である」ことをよく理解しています。

「どちらかといえば、これまでは無借金経営を目指していました。会計業界に身を置く税理士として考えれば、『借金はあまりしないほうがいい』という立場だったんです。ですが今では、5行の金融機関から融資を受けています。会社を大きくするにも、社員教育をするにも、変化に備えるにもお金が必要ですし、何より現金を持っていないと、経営に必要な『決定』や『決断』ができません」（清田幸弘代表）

③支払手形発行

多くの社長は「儲かること」を優先して物事を考えます。ところが私は、「儲かること」以上に「何がなんでも潰れないこと」を優先して物事を考えます。

私が目指しているのは**「絶対に倒産しない会社」**です。そして、倒産を防ぐために絶対にやらないと決めていることがあります。それは、**「支払手形の発行」**です。

支払手形を発行しているかぎり、倒産の危険はなくなりません。会社は赤字でも倒産しませんが、黒字でも手形を落とさなければ倒産します。

手形は「手形用紙に金額を書いて、判子を押せば資金になる」ため、資金調達は容易ですが、そのかわり「待った」がきかない。支払期日に決済資金の現金がなくなれば、その時点でアウトです。

④長時間労働

武蔵野は現在、あらゆる策を講じて、残業を減らす取り組みを進めています。２０１３年まで、わが社の残業時間は、社員ひとりあたり月平均で「76時間」で、「月１００時間」に近い残業をする社員が６人いました。

ですが現在は、月平均で「13時間」にまで減っています。

残業を減らすために社長が最初にすべきことは、社長が「残業を減らす」と方針を決定することです。

【残業ゼロに向けた武蔵野の取り組み　※一例】

- 全従業員（アルバイト・パート含む）にタブレット端末を支給し、情報共有とフィールド（現場）での効率化を図る
- 毎朝のミーティングで終了時間・退社時間を確認し、逆算して日常業務の対策を共有する。終了時間を決めることで、「その時間までには絶対に仕事を終わらせる」の意識が高くなり、集中力と緊張感を持って仕事ができる
- 残業は申告制とし、上司の許可なく残業をしてはいけない
- その日に終わらせなくてもいい業務は、「翌日」に振り替えてもいい
- 毎月「実行計画ミーティング」を設けて、「どうすれば残業を減らすことができるのか」を従業員で話し合い、業務改善に役立てる
- ネットワークカメラで営業所内の状況をモニタリングする
- 21時から4時までは社内システムに入れない
- 施錠時間をチェックする

残業改革をはじめたことで、社員換算で「1億円」、アルバイト・パートも含めると「1億5000万円」の人件費削減に成功しました。

また、通常、労働時間が短くなれば、それだけ売上や利益も減ると思われがちですが、当社は違います。

2014年3月の月間平均残業時間は「57時間18分」でしたが、2016年7月は「24時間41分」と「56・9%」ダウンしました。

にもかかわらず、この間、「売上アップ率は123・8%」に伸びています。

かつてわが社は、ライバル会社からも「武蔵野以上にブラックな会社はない」「株式会社ブラック企業」と揶揄《やゆ》されていました。

ところが現在では、「超ホワイト企業」に生まれ変わっています。

「長時間労働」は絶対やらない

2.勤務

（1）不要な残業は減らす。

①残業は上司の許可をとり、申請はワークフローで行う。事後申請の場合は1週間以内に行い、それ以降の申請は本人と上司の反省文とする。また、30分以内の残業申請は認めない。

②残業時間を減らした部門を評価する。

③部下を早く帰らせない幹部は評価を下げる。

④会社内外でも業務を行えないように、社内システムには21：30〜4：00まではアクセス禁止とする。

⑤23時以降に会社で仕事をしていた場合は、警備会社より通知する。

※株式会社武蔵野の「第52期 経営計画書」の「内部体制に関する方針」より抜粋

⑤鉄砲ビジネス

「鉄砲は売らない。弾を売る」のが、わが社の事業コンセプトです。

「鉄砲」は単価が高いものの、一度買ったらそれでおしまいです。壊れるまで次を買うことはありません。

しかし、「弾」は消耗品です。鉄砲を買った人はかならず弾を使い、鉄砲を利用し続ける限り、補充します。「鉄砲」ではなく「弾」を売るほうが会社の利益は安定します。「弾を売る」とは、繰り返し、繰り返し、同じお客様に買っていただける商品、事業に取り組むことです。

武蔵野は、ダスキンの代理店業務にはじまり、ボイスメール事業やホームインステッド事業（シニアケアサービス）、経営サポート事業など事業の幅が広がっていますが、いずれも、同じお客様に繰り返し利用していただくビジネスモデルです。

お客様に関する方針（例）

1. 戦略

（1）各事業ともマーケットの絞り込みを行う。
（2）同じお客様に繰り返し、利用していただく事を基本とする。
（3）武蔵野お客様クラブを発足させ意見聴取を行う。
（4）ベンチマーキング、海外研修により、マーケットの変化を察知する。
（5）営業支援システムで、主要なサービスの状況を判断し活用して行く。

2. 基本

（1）現在のお客様に喜ばれることを第一に考える。未来のお客様でない。
（2）お客様を満足させるという考え方を止める。「お客様に我社を満足していただく」に変える。
（3）お客様に口コミで紹介していただける努力をする。

3. 姿勢

（1）残念ながら解約になったお客様には、２名以上の人がお礼のハガキを出す。
（2）月初めの解約の申し出は、月末までサービスが受けられる様に心する。
（3）半年後、１年後のお礼状が出せる様にデーターベースを構築する。

※株式会社武蔵野の「第36期 経営計画書」より抜粋

新規事業で利益を上げる「9つ」のポイント

「新規事業に関する方針」を決定する

経営サポート事業部は、２００１年に立ち上げた新規事業です。２０００年度の日本経営品質賞を受賞して、ベンチマーキングに訪れる会社が増加して武蔵野の取り組みの質問が多くなり、「現実、現場、現物」を公開するとビジネスになると感じ、経営ノウハウを開示したのが理由です。

新規事業をはじめることは、誰にでもできます。

ですが、社長の勘だけで新規事業をはじめると、収拾がつかなくなる。そこでわが社は、「経営計画書」に「新規事業に関する方針」を明記しています（165ページ参照）。

新規事業を軌道に乗せ、利益を出すポイントは、次の「9つ」です。

①社長または役員が担当する
②3年かけて評価する
③現在の収益を確保した上で進める
④「現業」がうまくいっているときにはじめる
⑤銀行をチェック機関として活用する
⑥社歴よりも古いマーケットには参入しない
⑦マーケットのない分野には進出しない
⑧「間違った」と思ったらすぐに撤退する
⑨「迷った」ときはやらない

①社長または役員が担当する

職責下位が担当してその事業が成功すると、職責上位は立つ瀬がありません。したがって、**新規事業は、社長または役員が担当します。**

わが社は、新規事業のために、ほかの会社の人間をリクルート（ヘッドハンティング）することもありません。

なぜなら、外からきた人材が成功すると、すでにいる幹部社員は「自分たちの立場がない」「おもしろくない」「協力したくない」と思い、協力をしないからです。

どうしてもリクルートをするなら、「すぐには新規事業を任せず、2～3年は他の事業部で経験を積ませてから」にすべきです。

②3年かけて評価する

私は、「損益分岐点」（収益と費用が等しくなって、利益も損失も出ない分岐点のこと）を上回ることを新規事業の成功の条件とし、３年かけて評価しています。

- １年目……直近半期の売上を下回っていないか
- ２年目……今期の粗利益額と営業利益額が前年を下回っていないか
- ３年目……損益分岐点を下回っていないか

赤字の会社と黒字の会社では、投入できる資金額も違います。事業の習熟度によっても、評価する年数は変わります。

ですから、**評価基準は正しくなくてもいい。仮説でいい、基準があることが正しい。**

③現在の収益を確保した上で進める

新規事業は、「現在の収益」を確保した上で進めるべきです。新規事業の成否が現事業を圧迫するようでは困ります。

新規事業の売上を上げるために、収益の出ている既存部門を切り捨てたのでは意味がありません。

赤字の会社が新規事業に取り組むのは最悪です。

④「現業」がうまくいっているときにはじめる

経営サポート事業部の成功は、ダスキン事業部の利益が出ているときに立ち上げたのと、職責上位中嶋博記部長・青野真介部長・T部長の3人を投入したからです。

ほとんどの社長は、「現在の事業がうまくいかなくなった。だから、新しい事業をやろう」と考えます。

しかし、業績が下がって「余裕がなくなった状態」のときに新しいことをはじめても、うまくいくわけがありません。そもそも、現業で利益を出せない社長が、新規事業で利益を出せるとは思えない。


新規事業を成功させるには、社長が現業から「1ヵ月間」離れても困らないくらい

「人」「お金」「時間」に余裕があるときに、手をつける。現事業で手いっぱいなら、新規事業は時期尚早《じきしょうそう》です。

⑤銀行をチェック機関として活用する

私は、**銀行を自社のチェック機関として活用しています。**銀行は常に「その事業が伸びるか」「融資しても大丈夫か」を考えています。

銀行に融資を申し込んで「全行貸してくれない」ときは新規事業には手を出さないで、現状路線で進むのが賢明です。

私はよく、経営サポートパートナー会員の社長から、「新規のプロジェクトに投資したい」と相談を受けます。その際、「銀行が1行でも貸してくれるなら、やりなさい。1行も貸してくれないなら、やめなさい」と答えます。

銀行は、採算が合わないことにはお金を貸してくれない。1行も貸してくれないとすれば、その事業は見込みがない証拠です。

⑥社歴よりも古いマーケットには参入しない

社歴よりも古いマーケットには参入しないのは、**古いマーケットには規制が多い**からです。

一方で、**新しいマーケットには、規制がほとんどありません。**規制がなければやりたいことがやりやすい。

⑦マーケットのない分野には進出しない

事業は、次の順番で難しくなります。

（1）「現事業」を「現市場」に投入する

（2）「新事業」を「現市場」に投入する
（3）「現事業」を「新市場」に投入する
（4）「新事業」を「新市場」に投入する

「現在扱っている商品やサービス」を「既存のマーケット」に投入し、シェアを伸ばすのがもっとも簡単です（1）。

わが社でいえば、第三支店が行っている仕事をほかの地域でやる。あるいは、小金井支店で成功したことを国分寺支店でやるなど、これが一番簡単です。

とはいえ、これは新規事業ではなく「現事業」なので、売上の大幅増は見込めません。

だから、**新規事業は、「新事業」を「現市場」に投入する（2）、あるいは、「現事業」を「新市場」に投入する（3）必要があります。**

武蔵野の経営サポート事業部は（3／「現事業」を「新市場」に投入する）に該当

します。

「経営コンサルティングをする事業と、ダスキン事業とはまったく違う事業ではないか」と思われるが、経営サポート事業部は、「ダスキン事業の現場」「小山昇が実際に仕事をしている現場」を公開しているから、「現事業」と解釈できる。

武蔵野の「現実、現場、現物」を公開することによって、「現事業を新事業のように見せている」わけです。

経営セミナーで勉強して、自社で行う際にどのように展開したら良いか迷う社長は多いが、実際に使っているツール、働いている社員の姿を見るとイメージが明確になり、自社導入が簡単です。

私が武蔵野の社長になって、もっとも損をした新規事業は、「クリエイト」事業です（1991年）。3億2000万円投資をして、売上は3000万円。約3億円の損失です。

クリエイト事業部が失敗した原因は、マーケットがない上に、ライバルもいなかった。つまり、市場ができていなかったからです。

新規事業に関する方針

1. 基本

（1）新規事業は社長または役員が担当する。現業部門より優秀な社員を抜擢し、社長直属のプロジェクトチームを編成して取り組む。

（2）新規事業は3年間のプロジェクト計画書を作成する。

（3）**新規事業の担当者に対する評価基準は、社長が決定する。**

2. 分野

（1）社会に貢献でき、繰り返し繰り返し販売できる事業を積極的に展開する。

（2）現在マーケットがない分野に進出してはいけない。

（3）ライバル会社のある周辺事業に徹する。

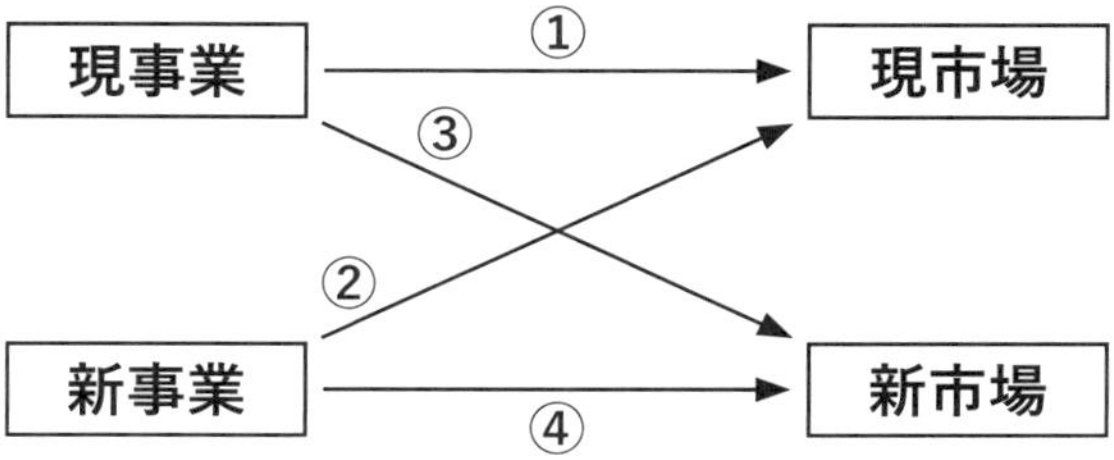

3. 姿勢

（1）損益分岐点を越える事を成功の条件とする。
①1年目は直近半期の売上を下回らない。
②2年目は前年の粗利益と営業利益を下回らない。
③3年目は損益分岐点を越える事を成功の条件とする。

※株式会社武蔵野の「第52期 経営計画書」より抜粋

⑧「間違った」と思ったらすぐに撤退する

多くの社長が、「新規事業をやる以上、絶対に失敗してはいけない」と意気込みます。しかし、どれほど優秀な社長でも、百発百中はあり得ません。手がけた新規事業のうち、「2割成功すれば、御の字」です。

人間は、失敗からしか学べません。新規事業を成功させたければ、致命的にならない程度に失敗体験を積むしかありません。

一生懸命やって、それでも利益が出なければ、「すぐにやめる」のが正しい。「もうちょっとがんばったら、何とかなるのではないか」と思うかもしれませんが、一生懸命やってもなんともならないのに、これから先に好転する可能性は少ない。

社長は「事業から撤退できて一人前」です。

⑨「迷った」ときはやらない

多くの社長から、「新しくこういうことをやりたいのですが、迷っています」と相談を受けるのですが、そのとき私は、

「迷っているなら、やめなさい」

と答えています。

競馬の馬券を買う場合、「あの馬も来そうだ」「この馬も来そうだ」と目移りして、あの馬もこの馬も……と手を広げる人は勝てません。「可能性がある」のと、「来る（当たる）」のは違うからです。「どうしたら勝てるか」がわかっていない人は、自滅します。私だったら、馬単2点といったように、狭く・深く馬券を買う。

遊びも仕事も、「狭く・深く」が基本です。自社の「得意な分野」「得意な地域」「得意な商品」で、狭く、深く掘り下げる。

M&Aは、「時間」と「お客様」を買うこと

M&A（企業の合併・買収）は、基本的にはやったほうがいい。なぜなら、**「時間」**

と**「お客様」を効率的に買える**からです。

自社で新規顧客を開拓すれば、それなりの時間がかかる。しかしM&Aなら、買った先の会社のお客様と従業員を手に入れ、かつマーケットシェアを一気に上げることができます。

さらに、M&Aを行えば、現事業の売上が増えるため、「新規事業よりも銀行の融資を受けやすい」メリットもあります。

銀行は、海のものとも山のものともわからない新規事業にはお金を貸したがりません。ですが、現事業であれば、実績がわかっているから、資金を出してくれます。

M&Aを成功させるためには、次の「3つ」を意識すべきです。

(1) 高く買う

多くの社長は、M&Aをする際、「できるだけ安く買いたい」と思います。ですが「安く買う」ことにこだわり、ライバル会社に買われてしまったら、ライバル会社のシェアが増えてしまう。

自社で新規顧客を開拓するのも、M&Aをするのも、どちらもお金はかかります。だとすれば、安く買うことにこだわるのは間違いです。

(2) 買い取った会社の社員をそのまま雇用する

売る会社の社長がもっとも心配するのは、販売価格(会社をいくらで買ってくれるか)よりも、「今、働いている社員が生活できるか、どうか」です。

ですから、買い取った会社の社員は、1年間今と同じ給料で、引き続き雇用するほうがいい。「同じ条件で雇用する」と売る会社の社長も安心します。

(3) 買い取った会社の社長を顧問にする

買い取った会社の社長を顧問にすると、買い取られた社員が安心します。

また、買うときは、購入額(無形資産)の半分をはじめに支払い、残りの半分は「5年間、顧問料で払う」ようにします。そうすると、初期投資は少なくて済むし、給料として支払ったほうが売った会社の社長は税金が安くなります。

第3章

利益を最大化する「経営計画書」のつくり方

「正しさ」にこだわらず、見切り発車で「今すぐ」につくる

「経営計画書」のもっとも簡単なつくり方

武蔵野が開催している「〈経営計画書〉のつくり方　作成支援合宿」では、「〈経営計画書〉の具体的なつくり方がわからない」という参加者に対して、「〈経営計画書〉のもっとも簡単なつくり方」をアドバイスしています。

【経営計画書のもっとも簡単なつくり方】

①「正しさ」にこだわらず、見切り発車で「今すぐ」につくる

②「オリジナル」にこだわらず、他社の「真似」をしてつくる

「正しさ」にこだわらず、見切り発車で「今すぐ」につくる

会社の将来は、「やり方」で決まるのではありません。「決定」で決まります。会社が赤字になるのは、社長が「赤字になってもいい」と決定したからです。

「そんな決定をする社長などいるはずがない」と思われるかもしれませんが、経営環境が厳しいことがわかっていながら対策を取らない社長は、それは、「赤字でもいい」「倒産していい」と決定したのと同じことです。

会社は、社長が決定したようにしかなりません。そして、「経営計画書」は、社長の決定の集積です。ところが、ほとんどの社長は決定ができません。なぜできないのでしょうか？　それは、「正しく決めようとするから」です。

赤字の会社の社長は、総じて決定するのが遅い。「ああでもない、こうでもない」「どっちが正しいのか……」とグズグズ考えているうちに大切な時間を失っています。

優柔不断な人が社長を務める会社は、かならず業績が下がります。慎重になりすぎるあまり、経営のスピードが失われてしまうからです。経営のスピードが失われてしまえば、マーケット（お客様とライバル）の変化についていくことができません。

一方、「そそっかしい人」や「気が短い人」は社長に向いている。なぜなら、気が短い分「決定が早い」からです。

決定の正しさは、悩んだ時間とは無関係

スキルが「10」ある人が「1分間」考えても、「10分間」考えても、「1日」考えても、「1週間」考えても、「1ヵ月間」考えても、スキルは「10」で変わりません。「1ヵ月間」時間をかけたからといって、スキル「10」の人がスキル「100」になることはない。

「1ヵ月間」考えても、「1分間」だけ考えても、どちらもスキル「10」で、グズグズ悩まずに、すぐに決定して、実行に移したほうが生産性は上がります。

悩んでも悩まなくても、結果は変わらないことが多い。**決定の正しさは、悩んだ時間とは無関係**です。

1分間で出した結論と、1ヵ月間かけて出した結論が同じなら、1ヵ月間という時間をムダにしたことになる。

また、仮に「正しい決定」を下すことができても、その決定は、あくまで「社長（会社）にとって正しいだけ」であって、お客様にとって正しい決定とは限りません。

そもそも「正しさ」はお客様が決めるものです。社長が「正しい」と信じていても、お客様に受け入れられなければ、その決定は、「間違い」です。

お客様に受け入れられたら続行。受け入れられなかったら、ただちに修正し新たな計画を立てればいい。

経営計画を立てるときに大切なのは、「正しさ」ではなく「早さ」です。**「経営計画書」は今すぐつくる。テキトーでもいいから計画を立て、見切り発車で実行してみる。**

途中で間違いに気がついたら、そのときに修正すればいいだけのことです。実行するのが早いほど、間違いに気づくのも早くなり、修正も早くできます。

「オリジナル」にこだわらず、他社の「真似」をしてつくる

増収増益の経験なしに「利益を上げる計画」はつくれない

ほとんどの社長は、人の真似をしたり、「自分の考えを持たず、人の考えにしたがう」ことを恥ずかしいと考えます。

でも、自分の考え通りにやって赤字を出すほうが、よほど恥ずかしい。経営は、成果がすべてです。**がんばって成果を出せない社長より、「人の言う通りに実行して、成果を出す社長」のほうが優秀**です。

多くの会社が、0から1を生み出そうとします。ですが、経験や実績が不足してい

るために、結局は「1」を生み出すことはできません。

人間は、やさしいことから段階的に学んでいくのが正しい。知識も経験もないのに、0から1を生み出そうと考えてはいけません。

赤字の社長ほど、自分の頭で考えます。ですが、「考える」は、「体験から得たデータを頭の中から探してくる時間のこと」であって、体験のない人は、そもそも考えられない。**増収増益の経験がない社長に「利益を上げる計画」は考えられません。**

だとしたら、すでにできあがっている「1」を真似るほうが近道です。そして、「1」を「2」、「2」を「3」に変えていくほうが現実的です。

世の中の人は、「知識があること」をすばらしいと思っていますが、知識よりもすばらしいものがある。それは、「人に聞くこと」です。

できる人、わかる人に聞いて、素直に、その通りに真似ができる社長は、伸びます。ところが、人に聞いたり、真似できない社長は、自分を変えることができません。だから、会社の業績も変わらない。独力でがんばって成果を出せないより、「人に聞きながらでも成果を出すほうが正しい」と私は思います。

独自性にこだわり、なにもないところから手探りではじめるよりも、「うまくいっていること」を真似したほうが、業績は早く上がります。

真似も3年続ければ、自社のオリジナルになる

人間が成長しないのは、「プライド」があるからです。プライドが邪魔をして「知りません」「わかりません」「教えてください」と言えない。

ですが私には、プライドがない。**武蔵野のしくみは、１００%どこかの真似であり、自社で考えたものは、ひとつもありません。**すべて人から教えてもらったものです。

環境整備も、サンクスカードも、社員教育のしくみも、ＩＴのセキュリティ対策も、コールセンターのモデルも、社員を「さん付け」で呼ぶのも、経営計画書も、元をたどれば、どれもこれも、「他社・他業界の真似」からはじめています。

私はこれまで、著書やセミナーなどで、**「中小企業は真似することが正しい」「真似こそ最高の創造であり、真似こそ最高の戦略である」**と述べてきました。

すると、「そうは言うけど、ダスキンの代理店をしている武蔵野さんと、製造業の当社では仕事の内容が違う。だから真似できない」「私と小山社長では事情が違うから、真似できない」「会社の規模も売上も違うから、真似できない」という意見をいただきました。

しかし、製造業も、小売業も、飲食業も、サービス業も、どの業種でも、お客様に商品やサービスを提供し、「粗利益額」を得ていることに変わりありません。

社員の給料も、会社の経費も、粗利益額から出ている。変わるとしたら、**それはたったひとつ。扱う商品（サービス）だけです。**

「経営計画書」をつくるときも、まず「他社の真似から入る」のが正しい。

私は、「〈経営計画書〉のつくり方　作成支援合宿」の参加者に「わが社の〈経営計画書〉を見て、自社にもできそうなところがあれば、そのままコピーしてください」と話しています。

まず真似から入る。そして辻褄《つじつま》が合わなくなってきたら、その時点で変更すればいい。**真似も3年続ければ、自社のオリジナル**になります。

病院も、会社も、経営の本質は変わらない

「はせがわ整形外科クリニック」（整形外科）の長谷川恭弘院長は、「患者様の数は変わらないのに、利益が毎年減っている」ことに疑問を感じ、武蔵野の門を叩《たた》きました。

「毎年同じように仕事をしているのに、どうして利益が毎年下がるのか、その理由がわからなかったんです。今まで、一度も経営の勉強をしたことはなく、『このままだと、数年後には立ちゆかなくなる』と危機感を覚えて、小山社長の指導を受けることにしました。

小山さんに、『経営の柱になるのは、これです』と言われて〈経営計画書〉を見せられたとき、私には『できない、つくれない』と思った。すると小山社長は、こうおっしゃったんです。

『できない、じゃなくて、やれ。つくれない、じゃなくて、つくれ。中身は関係ない。どんなものでもいいから、つくることが大切です。ただし、経営の勉強をしたことがない長谷川さんには、いくら考えても〈経営計画書〉はつくれない。人は、経験して

いないことは考えられないからです。だから、他の会社の〈経営計画書〉をコピーしてつくる。そして、1年間運用してみて、自分の病院に合わないところを直せばいい』

そこで、ほかの会社の〈経営計画書〉をコピーして、会社を病院に、お客様を患者様に、社長を院長に、商品を治療に書き直した〈経営計画書〉を作成しました」

（長谷川恭弘院長）

長谷川恭弘院長は、「〈経営計画書〉をつくったことで、スタッフの価値観がそろうようになった」と実感しています。

「今までは、院長は前を向いて、師長は右を向いて、事務長は左を向いて、他のスタッフの中には反対を向くなど、スタッフがいろいろな方向を向いていました。ところが、〈経営計画書〉をつくってからはベクトル方向が合って、心がそろって、向かうべき方向がひとつになったと感じています。

経営方針を明確にしたことで、利益も上がっています。〈経営計画書〉をつくる前の私は、社会を見ていなかった。世の中が変化していくのを見ていなかった。自分中心で考えていたんです。『世の中が変化しても、自分は食っていける』と思い上がっていました。社会が変わっているのに、私がやっていた治療は同じだった。だから収益が下がっていた。

小山社長に教えていただいたのは、『自分がやりたい治療』ではなくて、『時代に合った治療』『患者様が望む治療』を提供することです。

医者の正しさを患者に押し付けてはいけない。〈経営計画書〉の作成を通して『患者様の立場に立った考え方をしなくてはいけない』ということを教わりました。

言われてみれば当たり前ですが、医師の世界ではなかった考え方で、とても参考になりました。小山社長の考え方は、業種、形態を問わず、すべての仕事に当てはまる再現性の高いものだと思います」（長谷川恭弘院長）

他社の「経営計画書」をコピーして、ハサミで切り、ノートに貼り、清書する

「コピー→ハサミで切る→ノートに貼る→清書」ですぐ完成

もっとも簡単な「経営計画書」のつくり方は、武蔵野や、実績を出している他社の「経営計画書」をコピーして、「今、自社にできること（できていること）」だけを残せばいい。

「〈経営計画書〉のつくり方　作成支援合宿」では、武蔵野の歴代の「経営計画書」のほか、経営サポートパートナー会員の「経営計画書」を見本として展示しています。

会場には、コピー機をはじめ、のりやハサミが用意してあるので、合宿の参加者は、

真似したい「経営計画書」（方針）をコピーして、ハサミで切って、ノートに貼って、清書（パソコンに入力）して、できあがりです。

【真似のしかた①】「自社でできること」だけを真似る

小学1年生がいきなり6年生の真似ができないように、「経営計画書」も、真似したい会社と自社の間に実力差がありすぎると、真似できません。

これまでに一度も「経営計画書」をつくったことのない会社が、武蔵野の「第54期経営計画書」に書かれてある方針をすべて実行できるはずがありません。ですから、「今できていること」「ちょっとがんばれば成果が出そうなこと」だけを真似します。

多くの社長が「良いことをやろう」と考えます。けれど「良いこと」をして、結果が出る（お客様の数が増える、業績が上がる）とはかぎらない。中小企業の社長は、**「良い計画」ではなく「成果が出る計画」**を立てるべきです。

「良いこと」や「やりたいこと」があっても、今の自社の実力では実行できない場合は、真似してはいけません。できなければ、それは「やらなくてもいい」という方針です。

「できることだけ」の「経営計画書」は薄くてペラペラです。でも、ペラペラでいい。願望を掲げても、実力がともなっていなければ、利益につなげることは不可能です。

「株式会社カワグチ」（精肉、惣菜の販売）の川口孝誠社長も「できることを書く。できないことは削除する」ことを心がけています。

「小山社長から『今できていること、ちょっと無理をすればできそうなことを書きなさい』とご指導いただいて、『その通りだな』と思いました。レベルが高いものを書いても、実行できなければ、社員は『やらなくてもいいんだ』と思ってしまうから。

期末に、〈経営計画書〉の振り返りをして、『できなかったこと』は削除する。一方で社員から『こういう方針なら実行できるのではないか』という提案があったら追加するなどして、実力に見合った計画を立てています」（川口孝誠社長）

初めて「経営計画書」を作成するときは、「第36期　経営計画書」をベースに考えるとわかりやすい。第36期までの「経営計画書」は、「小山昇の独断（トップダウン）」でつくっていました（現在は方針の実行・改訂を社員がアセスメント・評価するしくみ）。**社員教育の行き届いていない小さな会社であれば、トップダウンが正しい。**

中小企業が成長するには、まずトップダウンを徹底的に行って、社員の人材育成を図ることです（本章は、「第36期　経営計画書」の内容に沿って、「経営計画書」のつくり方を解説しています）。

「有限会社しれとこ村」（「世界自然遺産の宿しれとこ村」と「国民宿舎 桂田」の運営）の桂田精一社長は、無謀にも武蔵野の「第54期　経営計画書」を真似したことがあります。

「武蔵野さんの新しい期の〈経営計画書〉を真似してみたが、無理がありました。ボトムアップによってつくられている武蔵野さんの〈経営計画書〉は、レベルが高かったんです。社員からも、『難しくて実行できない』という声が上がってきたので、『できなかったこと』は削除して、現在は、自社のレベルに合った内容に書き換えていま

す」(桂田精一社長)

【真似のしかた②】「方針」の数は「10個」まで

「あれも、これもやりたい」とさまざまな方針を盛り込むと、社員は拒否反応を示します。

社長の頭では「できる」と思えても、実際の現場ではできないことのほうが多いので、方針の数は多くても「10個まで」にしましょう。

【真似のしかた③】真似しやすい「方針」から真似る

「経営計画書」の目次にそって、上から順番に真似ていく必要はありません。

自分がつくりやすいところ、簡単なところ、できているところから真似すればいい。

武蔵野の「第36期　経営計画書」に記載された方針をすべて真似しなくてもかまいません。社用車を持たない会社が、武蔵野の「サービスルートの組み方」「道の覚え方」「運転に関する方針」を真似したところで実態に合いません。

「実行できない」ものは、真似しない。できることがひとつしかなければ、「ひとつ」でいい。**はじめは「ひとつ」でスタートし、少しずつ方針の数を増やしていくのが正しいつくり方**です。

真似してつくった「経営計画書」で全社員が「数字」を共有

「コトブキ製紙株式会社」（トイレットペーパー・ちり紙等の製造販売）の武藤泰輔社長も、「武蔵野の真似をして〈経営計画書〉をつくった」社長のひとりです。

「〈経営計画書〉をつくろうと思ったのは、今から8年くらい前ですね。〈経営計画書〉をつくるのは、大変だろうと覚悟をしていたが、小山社長は、『武蔵野の〈第36期経営計画書〉を見て、自分ができそうなところをコピーして、ノートに貼れば、それだけでできるから』と簡単におっしゃるんです。で、その通りにしてみたら、本当にできました（笑）。

数字は私が決めましたが、小山社長から、『この数字だと、整合性が取れていない』

といったチェックをいただけるので、会社の実情に合った利益計画がつくれたと思います。

小山社長の指導を受ける前から数値目標を持ってはいたが、前期までの数字を参考にしながら、『だいたい、これくらいだろう』と目安を立てたから、『利益から逆算した数字』になっていなかったんですね。『利益から逆算して考える』ように見直したところ、会社の現状がはっきりと見えるようになりました」（武藤泰輔社長）

また、武藤社長は、「経営計画書」を使うようになってから、「社員の数字に対する意識が上がった」と感じています。

「〈経営計画書〉をつくる前も、数値目標は共有されていたはずなんです。年に4回、全社員を集めた会議があって、その場で発表していましたから。でも、みんな聞き流していて、覚えていない（笑）。ですが今では、新入社員であろうが、パートであろうが、月次決算の数字を〈経営計画書〉に書き込んでいて、『今月は、これだけ儲かった』とか『今月は少し赤字みたいだけど、どうしてかな？』と各自が考えるようになっています」（武藤泰輔社長）

武蔵野の「第36期　経営計画書」掲載内容と解説

小山昇の独断でつくった「第36期」が「経営計画書」の基本

現在のわが社の「経営計画書」（第54期）は数多くの方針が明文化されているため、レベルが高い。これから経営計画を立てる会社には真似しにくいため、小山昇の独断でつくっていた「第36期　経営計画書」が一番真似しやすいと思います。

「第36期　経営計画書」の記載項目（目次構成）と、各項目のポイントを解説します。

配付先一覧（例）

経営計画書
配付先一覧表

特No.1　東京都民銀行三鷹支店様
特No.2　東日本銀行新小金井支店様
特No.3　三菱東京UFJ銀行新宿中央支社様
特No.4　りそな銀行吉祥寺支店様
特No.5　八千代銀行武蔵境南支店様
特No.6　多摩信用金庫小金井支店様
特No.7　商工中金渋谷支店様
特No.8　昭和信用金庫東小金井支店様
特No.9　横浜銀行新宿支店様
特No.10　山梨中央銀行小金井支店様
特No.11　ランドマーク税理士法人様
特No.12　弁護士　幸村俊哉様

No. 1	小山　昇	0010	No. 13	志村　明男	③0174
No. 2	矢島　茂人	1891	No. 14	上野　朝之	③2213
No. 3	小山　泊子				
No. 4	滝石　洋子	①0043	No. 15	猿谷　欣也	③0186
No. 5	佐藤　義昭	⑤0487	No. 16	飛山　尚毅	④2907
			No. 17	小林　哲也	④1883
No. 6	市倉　裕二	⑥1817	No. 18	久木野厚則	③1711
			No. 19	三根　正裕	③1491
No. 7	中嶋　博記	③0082	No. 20	大森　隆宏	③1859
No. 8	小嶺　淳	⑦3110	No. 21	滝澤美佳子	②2451
No. 9	斉木　修	③2201	No. 22	久保田将敬	④3885
No. 10	由井　英明	④0563	No. 23	荒谷　直子	③2810
No. 11	高梨　昌俊	③2245	No. 24	丹　智之	②2084
No. 12	曽我公太郎	②2481	No. 25	菊地　富雄	②0131

経営計画書には、社員の序列を明記する

序列の決め方は、360度評価＋賞与の成績

さまざまな仕事の担当者を決めるときに、「序列」を使う。
これははっきり言って適当です。
しかし、これがあることで、仕事をスムーズに進めやすい。

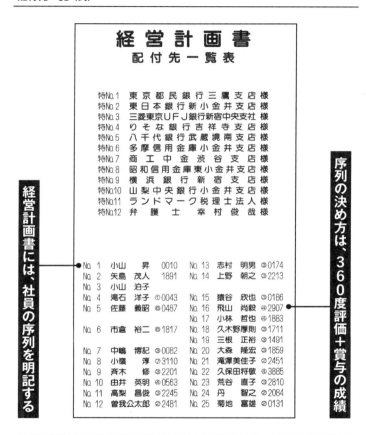

■「経営計画書」配付先一覧表　※191ページ参照

配付先一覧には、社員の名前が「序列」に従って掲載されています。つまり、ナンバーワンの小山昇がもっとも評価が高いです。序列は「課長職以上の投票（360度の衆目評価）」と賞与の成績によって決まります。

また、配付先一覧表には、社員名のほかに「社員番号」が明記されています。この社員番号の先に「6340（ムサシノ）」を入力すると、ボイスメール（eメールと留守番電話の機能を複合したツール）のアドレスになります。

■経営理念（武蔵野）　※193ページ参照

最初は、「経営理念」があっても、なくてもどちらでもいい。経営計画書をつくる際、経営理念からつくろうとする社長がいますが、理念はあと回しです。

経営理念は、方針を実行し続けた結果、たどり着くものです。「経営計画書」に記された方針を実行し、各論が積み重なり、社員のレベルが上がった先にあるものが経営理念です。

経営理念（例）

経営理念

われわれは
お客様によろこばれる仕事を通じて
世の中の発展と繁栄に貢献し
あわせて全員の成長をこいねがう
運命共同体としての同志と

一、お客様第一主義
二、われわれグループの成長と安定に
　　全力をつくし
三、全員の物と心の向上に努力する

以上三つのメリットが一致するような
経営を行うことにより
広く社会に奉仕する

※株式会社武蔵野の「第36期 経営計画書」より抜粋

経営理念は、どこの会社も似たり寄ったりです。時間をかけて考えたところで、どこかの真似になっている。

だとすれば、ごちゃごちゃ考えない。わが社の経営理念は、私が一倉定先生のセミナーに参加したときに見た、どこかの会社の経営理念を「3ヵ所」だけ直してつくったものです。出所は、もう覚えていません（笑）。

■「七精神」

ダスキンの経営理念を真似して、創業社長藤本寅雄がつくったものです。わが社では、毎朝、「経営理念」と「七精神」を唱和しています。

■経営理念（祈りの経営ダスキン）

ダスキンの創業者・鈴木清一がつくったものです。

鈴木清一が以前経営していた「株式会社ケントク」の経営理念がベースになっています。

■経営計画発表会にあたって　※197ページ参照

「経営計画書」は、社長の姿勢を社員に示すものです。姿勢というのは、社長として「会社をこのようにする」という覚悟と決意であって、「こうしたい」「ああしたい」という社長の願望ではありません。

社員に「ああしろ」「こうしろ」と命じるのではなく、無理難題と思える方針を実施してもらうために、社員に協力を求めるのが正しい。

武蔵野の「経営計画書」に、「経営計画発表会にあたって」と題した一文を掲載しています。「経営計画書」の中で、私がもっとも時間をかけて作成している項目です。

この文の最後に、

「無理を承知で、皆さんに協力をお願いいたします」

と書いたのは、「社員に無理強いする」ためではありません。

「5年で売上2倍」の目標を達成するために、「増収増益」を続けるために、そして何よりも、社員と、社員の家族を幸せにするために、「社長の私が、無理を承知でがんば

経営計画書には、社長の姿勢を示す

　この経営計画書は社長の誤ちを正し、お互いの価値感を同じにし、数字による目標を基盤として、方針を明確にし、**何をしてはいけないか。何をしなくてはいけないか**を**熱い願いを込めて**毎年計画をたて直したものです。

　ここに書かれた目標、方針に対する**利益責任**は、方針を立てた社長一人にあります。

　したがって実行する主役である、社員一人一人に**実施責任**を持っていただきます。

　時の流れと生き生き格闘し、同じ時代に生きる縁の不思議と喜びを共有して、命いっぱい、自分の花を咲かせ、実を採り、一人一人が輝いている社会にします。

※株式会社武蔵野の「第36期 経営計画書」より抜粋

経営計画書には、社長の実印を押す

経営計画発表にあたって

飛躍に向かう年にする。
お客様が喜んで下さり、
社員が喜んでくれる
会社に創り変える。

インターネットによるコミニケイション社会の急速な変化は、今世紀最大の変革をもたらす。

距離と時間を乗り越え世界的な変革をとげる。

我々は今世紀最大の変化の中におかれている。

今、この変革期に日本経営品質審査基準書を道具として、武蔵野の価値を世の中に適応させて行く。

前期までは環境整備が基本でしたが、今期はお客様を基本とします。

経営組織については、経営理念の基にお客様の声、社員の声を重視し創造的で活力があり、スピード対応出来る様に変えて行く。

変革の一年目は新しいものと、古いものが同居していて、現場では混乱するが、やりながら変えて行きます。

1. 競争力のある強い経営体質を創る。
2. 経営レベルの改善領域を明確にする。
3. 継続的な改善の仕組みをつくる。
4. 現在の改善活動を全社的にして行く。
5. 社会的責任の果たせる会社にする。

この経営計画書は社長の誤ちを正し、お互いの価値感を同じにし、数字による目標を基盤として、方針を明確にし、**何をしてはいけないか。何をしなくてはいけないか**を**熱い願いを込めて**毎年計画をたて直したものです。

ここに書かれた目標、方針に対する**利益責任**は、方針を立てた社長一人にあります。

したがって実行する主役である、社員一人一人に**実施責任**を持っていただきます。

時の流れと生き生き格闘し、同じ時代に生きる縁の不思議と喜びを共有して、命いっぱい、自分の花を咲かせ、実を採り、一人一人が輝いている会社にします。

平成11年5月6日

代表取締役社長

全社員に配布する「経営計画書」の一つひとつに社長の実印を押す

↓

会社で責任を取れる人物は、社長しかいない。「会社が窮地に追い込まれたときは、社長個人の財産をつぎ込んで弁済します」という責任の証しを示す

る」という「社長の覚悟」を表しています。

私は、何があっても、絶対に、会社を倒産させるわけにはいかない。だからこそ、「無理を承知でがんばる」のです。

「会社の中で責任を取れる人物は、社長しかいない」ことを明らかにするため、私は、「経営計画発表会にあたって」の最後に、「実印」を押しています。

平成29年5月の経営計画書1000冊に、3時間かけて「実印」を押した。指の皮がむけて、中指から血が出た。

私は、自分が決めた方針を実行させるとき、それによって発生するかもしれない損害に対して、全責任を負う覚悟をしています。

「責任を取る」とは、「経済的に損をする」ことです。

「経営計画書」の方針を実行し、実績や成果が得られれば、それは社員のお手柄です。ですから、「実施責任」は社員にあります。

けれど、会社の中で、「利益責任」を取れるのは、社長ひとりしかいない。だから私は、

「会社が窮地に追い込まれたら、個人の財産をつぎ込んで弁済します」

という責任の証しとして、実印を押しています。

「経営計画書」は、いわば社長の魂です。今から15年前、わが社のT本部長から、こんな提案がありました。

「小山さん、〈経営計画書〉を○○印刷さんで印刷すると、今の半分のコストでできます。印刷所を変えませんか？」

私はT本部長に、こう言いました。

「バカ！　なんでオレの魂を安売りしなくちゃいけないんだ。〈経営計画書〉は、オレの魂を刷ったものだから、安くなくていい。コストが少しくらい高くても、藤本（武蔵野の創業者）のころからお世話になっている飯島印刷に頼むのが正しい」

■**長期事業構想書**　※70・71ページ参照

5年で売上2倍になる計画をつくります。経営は、目先のことにとらわれるのではなく、「長期的な視点で考えること」です。「5年後のあるべき姿」から逆算して、「今、すべきこと」を決定するのが正しい経営判断です。

■**長期資金運用計画**

銀行から長期でお金を借りていれば、急な変化に対応できるため、経営が安定します。

同じ額の借入なら、長期のほうが毎月の返済額が少なく、計画的に資金運用できます。短期借入金は、業績がいいときは銀行も応じてくれますが、悪くなると応じてくれません。ですから、短期借入金は季節資金（賞与など）、納税資金に留めます。

金融機関が長期資金を貸し出すときに一番見ているのは、「社長の姿勢（会社の姿勢）」で、「経営計画書」を金融機関にもお渡しするとともに、定期的に銀行訪問を行い、武蔵野の現状を包み隠さず報告しています。

■長期財務分析

経営効率、資金繰り、運転資金の回転率、蓄積などの数値目標です。

■経営方針

- 基本方針
- お客様に関する方針
- お客様への正しい姿勢
- 環境整備に関する方針
- 商品に関する方針
- 販売に関する方針
- クレームに関する方針
- ライバルに関する方針

・新規事業に関する方針
・要員に関する方針
・資金運用に関する方針
・決算に関する方針
・運転に関する方針
・コールセンターに関する方針
・通信に関する方針
・内部体制に関する方針
・社員に関する方針

方針の掲載順には、意味があります。一番上は、「基本方針」です。「基本方針」には、自社の基本的な考え方を書きます。武蔵野は、「経営姿勢」「環境整備」「重点主義」の3項目を掲げています。

続いて、お客様への対応のしかたをまとめた「お客様に関する方針」です（「お客様への正しい姿勢」を加えてもいい)。

企業は、人の成長なくして会社の成長はあり得ません。そこで「環境整備に関する方針」です。わが社では、**「環境整備」**の取り組みを社員教育の基本として位置付け、毎朝30分、ひとりの例外もなく身の回りの整理整頓・清掃をしています。

人づくりができたら、「商品に関する方針」。そして、「その商品をどのように販売するか」を示す「販売に関する方針」が続きます。

商品を販売するとクレームが起きるため「クレームに関する方針」があり、商品が売れると「ライバルが出現する」ので、「ライバルに関する方針」があります。

ライバルに打ち勝つためには、新規事業への参入や新商品の開発が求められる。したがって「新規事業に関する方針」があります。

新規事業を展開するには人員と資金が必要ですから、「要員に関する方針」と「資金運用に関する方針」があります。

組織全体を動かす方針として「内部体制に関する方針」があり、最後に「結果が出たら社員にどのように報いるか」を決めた「社員に関する方針」があります。

「株式会社イマージュ」(エステ)の鈴木一輝社長にとって、「経営計画書」の方針の中でもっとも参考になったのは、「ライバルに関する方針」だったそうです。

「これまでの私は、ライバルを見ていませんでした。自社の理念教育、価値観教育、思想教育に力を入れていて、『自社は自社、他社は他社』という考え方をしていたんです。ですから、小山社長に、『マーケットにはお客様とライバルしかいない』と教えていただいたときは、衝撃的でした」(鈴木一輝社長)

ほとんどの人は、「仕事は上司に教わった」と思っていますが、突き詰めて考えていくと、私たちが仕事を教わる人は、社内にはいない。私たちは、上司や社長から仕事を教わるのではなく、「マーケット」から学んでいます。

では「マーケット」には誰がいますか？　マーケットには、お客様がいます。**お客様は、会社が一番大切にしなければいけない人**です。そして、「ライバル」がいます。

「ライバル」とは、「なんとしても勝たなければいけない相手」です。

真似してつくったライバルに関する方針（例）

1．戦略

（1）経営計画資料に基づき、毎月比較分析を行う。
（2）数値データを分析し、各部門毎に検討し、部課長会議で対策を発表する。
（3）同業他社を定期的に視察する。

2．差別化

（1）**スピードが命。早い対応で差をつける。**
※短納期は最高の差別化。
（2）訪問回数で差をつける。
※1週間で1回1時間の訪問よりも、1週間に5回12分の訪問を評価する
（3）ライバル会社のシステム、サービスの良いところは**すぐ真似る。**

3．冠婚葬祭

（1）お祝い事は控えめにする。
（2）とむらい事は他社よりも厚くする。

※株式会社三洋（山形県・石田伸社長）の「経営計画書」より抜粋

「『ライバルに関する方針』の中に、『ライバル会社の社員を入社させると、20万円の報奨金を払う』というルールを盛り込みました。このルールをいち早く実践したのが、新入社員のA子サンでした。

A子サンは、友人のB子サンと一緒に当社の新卒採用に応募してきました。私は、B子サンにも内定を出したが、B子サンは内定を辞退して、ライバル会社に入社したんです。

『しかたないな』とあきらめていたが、『B子サンが、入ったばかりの会社を辞めたがっている』という情報を知ったA子サンは、『だったら、イマージュにくれば？』とB子サンに声をかけたんです。

B子サンが、『内定を蹴った経緯があるから、イマージュには入れない』とためらうと、A子サンが『うちの会社には〈ライバル会社の社員を採用していい〉というルールがあるから大丈夫』と説得してくれた。B子サンは今、当社で働いてくれています。

普通の会社であれば、上司や先輩に確認をして、判断を仰《あお》いでからB子サンに声をかけたと思うんです。でも、A子サンが上司に報告する前にB子サンに声をかけることができたのは、〈経営計画書〉に行動規範が書かれてあったからです。
〈経営計画書〉をつくったことで、『どこまでなら、自分で判断していいのか』という社員の裁量も明確になったと思います』（鈴木一輝社長）

「有限会社しれとこ村」（「世界自然遺産の宿 しれとこ村」と「国民宿舎 桂田」の運営）の桂田精一社長は、「経営計画書」をつくるにあたって、「数字の計画さえつくれば、方針はなくてもいいのではないか」と考えていたそうです。

「正直に言うと、〈経営計画書〉をつくっている最中も、『方針を明記したところで効果はないんじゃないか』と疑問に思っていたんです。ですが、それは私の間違いでした。方針の大切さを教えてくれたのは、当社の社員です。

〈経営計画書〉を社員に渡したところ、大きな変化がありました。それまではあまりやる気を見せなかった社員が、肌身離さず〈経営計画書〉を携帯して、ボロボロになるまで使っている姿を見たとき、『〈経営計画書〉が社員の拠《よ》り所《どころ》になっている』ことがわかりました。

また、女子社員が自主的に勉強会を開くようになりました。彼女たちは私よりも〈経営計画書〉の内容を知っていて、『そういう意味だったのか』と彼女たちから教わることもあります（笑）。〈経営計画書〉によって、会社と社員が支えられている。そう思いますね」（桂田精一社長）

■利益計画全社　※209ページ参照

各月の売上高、粗利益、売上原価などの「目標」と「実績」。「目標」は印刷されてありますが、「実績」は手書きできるように空欄にしてあります。

■社員に関する方針

私が「がんばれ」と口を酸っぱく言ったところで、武蔵野の社員は動きません。では、どうすれば社員は「やる気を出す」のかというと、「お金」で釣ればいい。

社員にとって、愛はお金です。誤解を恐れずに言えば、社員のやる気は「お金」で決まる。社員の一番の関心は、「がんばったあと、どれだけお金がもらえるか」です。

利益計画全社

項目	金額	区分	5月		6月		7月		4月	
			当月	累計	当月	累計	当月	累計	当月	累計
売上高	○○○	目標	○○○	○○○	○○○	○○○	○○○	○○○	○○○	○○○
		実績								
売上原価	○○○	目標	○○○	○○○	○○○	○○○	○○○	○○○	○○○	○○○
		実績								
粗利益	○○○	目標	○○○	○○○	○○○	○○○	○○○	○○○	○○○	○○○
		実績								
人件費	○○○	目標	○○○	○○○	○○○	○○○	○○○	○○○	○○○	○○○
		実績								
経費	○○○	目標	○○○	○○○	○○○	○○○	○○○	○○○	○○○	○○○
		実績								
販売促進費	○○○	目標	○○○	○○○	○○○	○○○	○○○	○○○	○○○	○○○
		実績								
減価償却費	○○○	目標	○○○	○○○	○○○	○○○	○○○	○○○	○○○	○○○
		実績								
計	○○○	目標	○○○	○○○	○○○	○○○	○○○	○○○	○○○	○○○
		実績								
営業利益	○○○	目標	○○○	○○○	○○○	○○○	○○○	○○○	○○○	○○○
		実績								
営業外収益	○○○	目標	○○○	○○○	○○○	○○○	○○○	○○○	○○○	○○○
		実績								
営業外費用	○○○	目標	○○○	○○○	○○○	○○○	○○○	○○○	○○○	○○○
		実績								
経常利益	○○○	目標	○○○	○○○	○○○	○○○	○○○	○○○	○○○	○○○
		実績								

「これをやったら、あなたに1万円あげるから」
「これをやらないと、賞与が低くなってしまうよ」
「これだけ業績を出せば、給料がこれだけ上がるよ」
という方針（評価基準）を決めておけば、わが社の社員は、「お金がほしい」という不純な動機で、「嫌々ながら」「しかたなく」「面倒だと思いながら」も、がんばる。これが人間の心理です。

武蔵野の人事評価制度は、がんばった社員と、がんばらなかった社員の差をつける制度です。

ある年は、賞与を一番多くもらった人と、一番少なかった人の格差が「72倍」もありました。

賞与が大きく減額されると、社員は不満を持ちます。それでも社員が納得するのは、人事評価の基準が「経営計画書」に明示されているからです。

中小企業の多くは、評価体系がありません。社長の「どんぶり勘定」や「鉛筆ナメナメ（数字をイジる）」で給与も、賞与も決まります。

給料と賞与に明確なルールがなく、会社の好きなように決められてしまったら、やる気を失ってしまいます。

すべての社員にチャンスを与え、成績によって差をつける。学歴による差別はしない。これが武蔵野の基本方針です。

中途入社も新卒も、まったく同じ条件で働くことができます。だから公平です。男女による差別もありません。

年齢、性別、学歴に関わらず、「がんばればがんばっただけ収入が増える」のが、わが社の特徴です。降格しても、賞与が下がっても、がんばれば戻るし、きちんと数字を上げれば、それだけ高い評価を得るしくみです。

「公平」とは、「一部だけに手厚くしない、偏らない」ことではありません。その逆です。

「公平」とは、「差をつけてあげる」ことです。しっかりやってもやらなくても成績や

結果で差がつかないのは、「不公平」です。

がんばっても、がんばらなくても評価が同じだとしたら、がんばらない社員がまとも（当たり前）です。

■売上年計表／売上年計グラフ

※213ページ参照

「売上」「粗利益」「営業利益」を毎月「年計」で見ていくと、自社が抱える問題を早期に把握できます。

年計とは、1年間の数字のトータルであり、その月から直近の1年間の数字をまとめたものです（1月の年計なら、前年の2月から今年の1月までを集計した数字）。

年計には、売上の多い月（シーズン）、少ない月（シーズン）が含まれているため、季節変動の影響を受けることがありません。

年計は、表よりも「グラフ」にすると変化がわかりやすくなります。グラフに凹凸ができていたら、その箇所が異常値です。

年計グラフ

時系列に売上をプロットすることによって、目で傾向がわかるもの。
社長・幹部が手で書くのが正しい。
なだらかになったか、頂点か、底か、で対策が出てくる。

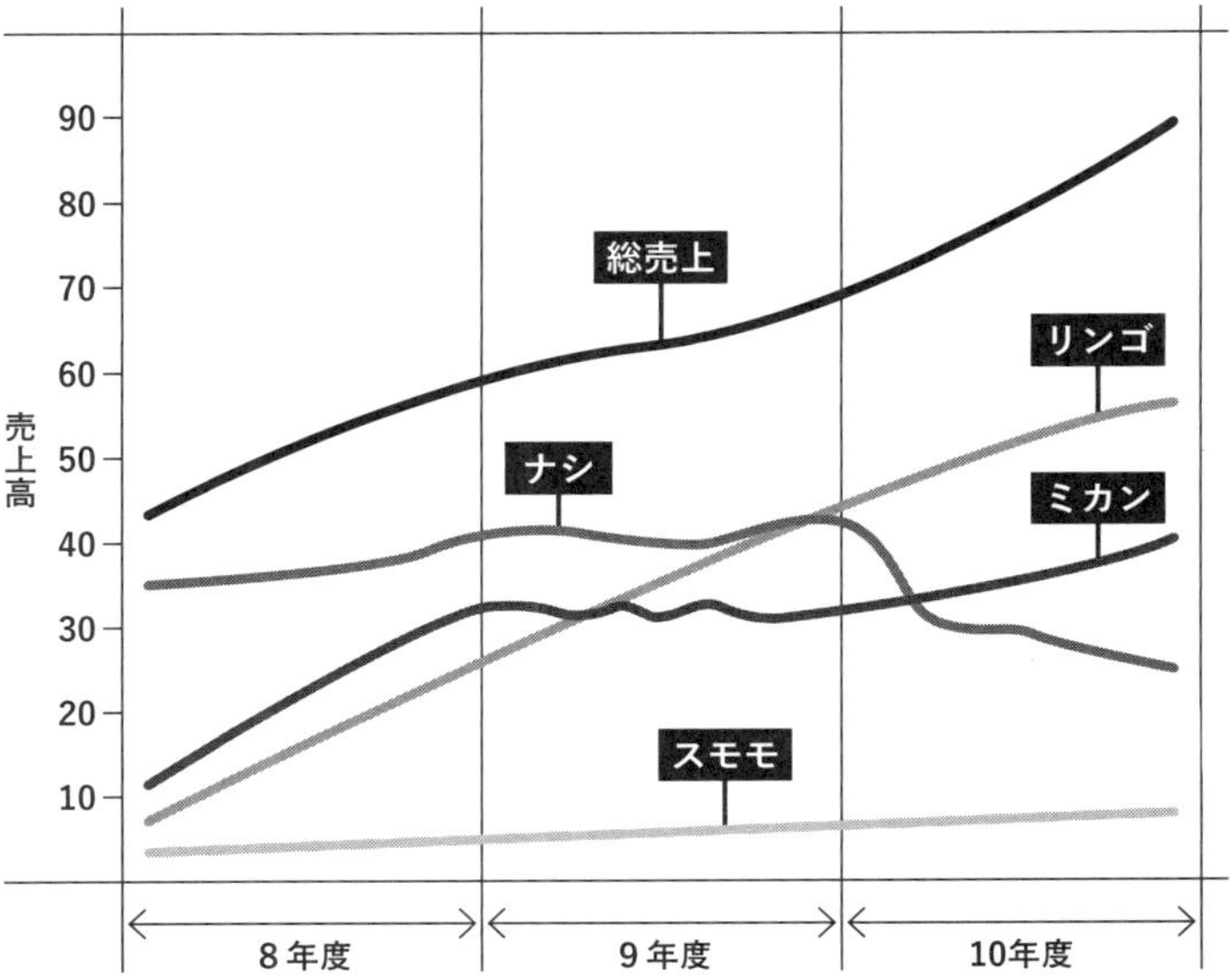

※『仕事ができる人の心得【改訂３版】』(CCCメディアハウス) P222より

■事業年度計画表　※217ページ参照

わが社のカレンダーは1年間を「4週間1サイクル」で考え、A週、B週、C週、D週に分けてスケジュールを決めています。

そして「A週の土曜日は基幹支援ミーティング」「C週の月曜日は役員会議」「D週の火曜日はリーダー会議」「D週の木曜日は環境整備点検」というように、パターン化しています。

多くの社長は「1年先のことはわからない」といいますが、**わからないのはむしろ、明日のこと**です。

どの会社も、毎年同じ事業活動をしています。創業記念日も、入社式も、経営計画発表会も、社員旅行も、だいたい同じ時期に繰り返されているのですから、「毎年変わらないもの」をはっきりさせておけば、年間スケジュールはすぐに決まります。

「株式会社グッドフィーリング」（イベント、フィットネス施設運営）の馬場大介CEOは、「武蔵野の〈経営計画書〉を見たとき、一番驚いたのが『年間計画』が書いてあ

今年やったことを、来年の同じ日にやる

前年の同日が、「土日・休日」の場合は、その前後にずらす

前期

朝礼で読む「経営計画書」の方針

5. 4	月	先勝		みどりの日
5. 5	火	友引		こどもの日
5. 6	水	先負		振り替え休日
5. 7	木	仏滅	↓	経営計画発表会
5. 8	金	大安	基本	銀行訪問
5. 9	土	赤口	お客様	
5. 10	日	先勝		
5. 11	月	友引	環境	バスウォッチング
5. 12	火	先負	商品	
5. 13	水	仏滅	販売	
5. 14	木	大安	クレーム	
5. 15	金	赤口	ライバル	新卒セミナー

⇩

今期

朝礼で読む「経営計画書」の方針

5. 3	月	先勝		憲法記念日
5. 4	火	友引		みどりの日
5. 5	水	先負		こどもの日
5. 6	木	仏滅	↓	経営計画発表会
5. 7	金	大安	基本	銀行訪問
5. 8	土	赤口	お客様	
5. 9	日	先勝		
5. 10	月	友引	環境	バスウォッチング
5. 11	火	先負	商品	
5. 12	水	仏滅	販売	
5. 13	木	大安	クレーム	
5. 14	金	赤口	ライバル	新卒セミナー

ったこと」だと言います。

「私は、明日の仕事もまともに決められないような場当たり的な仕事をしていたから（笑）、社長のスケジュールや会社の行事があらかじめ決められていることに驚きました。社長の仕事がどういうものか、当時の私にはまったくわかっていなかったのです」

（馬場大介ＣＥＯ）

スケジュールをパターン化したら、翌年は日付を変えるだけ。その日が祝祭日に当たったときだけ前後にズラせばいいので、翌期のスケジュールを簡単に作成できます。決定したスケジュールを経営計画書に記載しておけば、いつでもどこでもスケジュールを確認・共有できます。

「小田象《おだぞう》製粉株式会社」（業務用の小麦粉の製造・販売）小田眞司社長は、「経営計画書」をつくる際、「方針と事業年度計画をリンクさせること」を意識しています。

「4週1サイクル」でパターン化する

6. 29	月	A	
6. 30	火		
7. 1	水		
7. 2	木		
7. 3	金		
7. 4	土		
7. 5	日		
7. 6	月	B	
7. 7	火		
7. 8	水		
7. 9	木		
7. 10	金		
7. 11	土		
7. 12	日		
7. 13	月	C	
7. 14	火		
7. 15	水		
7. 16	木		
7. 17	金		
7. 18	土		
7. 19	日		
7. 20	月	D	
7. 21	火		
7. 22	水		
7. 23	木		
7. 24	金		
7. 25	土		
7. 26	日		

A週、B週、C週、D週の「4つにパターン化」して、毎サイクル展開

「『こういうことをやります』と書いても、『いつ、どこでそれをやるのか』を事業年度計画に明記しておかなければ、結局はやらずに終わってしまいます。ですから、方針と事業年度計画をリンクさせることが大切ではないでしょうか。

『何月と何月に、こういうことをやりたい』と思ったら、事業年度計画を見てみる。事業年度計画と照らし合わせて考えたときに、それをやるスケジュールが取れない場合は、『今年は厳しいからやめておこう』という判断ができます。できないことは書かない。そうすれば、方針の実行確率も高くなります。

『あれもやりたい、これもやりたい』とよくばると、社員の負担が増えるだけです。方針と事業年度計画をリンクさせるようになってからは、『1年は、案外短い』『1年間にやれることはそれほど多くない』ということをあらためて実感させられました」

（小田眞司社長）

第4章

経営計画の「実行」と「定着」の方法

「経営計画書」の方針を徹底させる7つの施策

価値観を共有するための勉強会を実施する

「経営計画書」は、いつでも携帯できるように、手帳サイズにしています。

ですが、わが社の社員は、「携帯する」≠《ノットイコール》「実行する」。携帯しているからといって方針を実行するわけではありません。それどころか、読みもしない（笑）。

そこで、「経営計画書」を「立派な会社をつくる道具」として使う＝「方針を徹底・実行する」ためのさまざまな教育を実施しています。

とはいえ、武蔵野の社員が自発的に勉強することはあり得ない。そこで私は、「強制的に」「嫌々ながら」「しかたなく」学ばせています。

小学校と中学校は、誰もがかならず行かなければなりません。なぜなら、「義務」だから。義務教育は、強制です。

「強制しないものに、教育という言葉を使ってはいけない」が、私の考え方です。ですから、武蔵野における教育の概念は、「全員に強制させること」が基本です。

何の見返りも与えずに強制だけすると、社員は逃げます。そこで、勤務中の勉強会へ出席すると1回500円。その回数をポイント制にし、取得ポイントを評価に反映しています。

勉強会に出席すれば評価が上がり、賞与が増える。出席しなければ、賞与が減る。

わが社の社員は、「賞与を増やしたい（減らしたくない）」という不純な動機で勉強をする。「お金で釣るのは不純だ」の声もありますが、きれいごとをいって結果を悪くするのは、ダメな社長の典型です。

結果が清ければ、動機は不純でもいいです。

①「お金よりも自分のやりがい」を大切にする「高い能力の社員」
②「お金がほしい！」と不純な動機で働きながら、「他の社員と価値観が同じ社員」

の2人がいたら、武蔵野に必要なのは、「②」の社員です。

わが社は、能力よりも、**価値観（考え方）を共有できること**を重視しています。能力のある社員を集めても、価値観がそろっていなければ、組織はバラバラになる。価値観がそろっていると、「経営計画書」の方針に則《のっと》って、同じ優先順位で行動することができるため、少しくらい能力が劣っていても、組織力を強化することが可能です。

ライバルとの戦いは、総力戦です。だから、方針を共有し、社員の価値観をそろえておくことが必要です。

「グリーン司法書士法人」（司法書士）の山田愼一代表は、武蔵野の「経営計画書」をはじめて見たとき、「ここまで細かくオープンにして大丈夫なのか」と驚いたそうです。

「かつての私は、『会社の利益や数字などは、社員に見せないほうが正しい』と思っていました。ところが小山社長は、数字もルールもノウハウも全部載せて、社員に配布している。ちょっと衝撃でしたね。〈経営計画書〉を携帯して、数字と方針を共有しているから、武蔵野の社員は同じ方向を向いていることがわかりました」

（山田愼一代表）

武蔵野は、早朝勉強会、政策勉強会、社員旅行など、「価値観を共有」するためのさまざまな施策を実施しています。

それが、

【経営計画書の方針を徹底・実行・共有するための7つの施策】

①経営計画発表会
②政策勉強会
③朝礼
④早朝勉強会

⑤穴抜きテスト

⑥「経営計画書」の転記

⑦「経営計画書」の回収

です。

①経営計画発表会

「仏《ほとけ》つくって魂入れず」ということわざの通り、「経営計画書」をつくっても、魂が入っていなければ、道具としての用をなさない。

方針や数字を明文化しただけでは、「経営計画書」は、魂のない仏のようなものです。

そこで、社員、金融機関、来賓《らいひん》を前にして、**社長が「自分の声と、自分の言葉」で経営計画を解説する儀式＝「経営計画発表会」**を開催しています（経営計画発表会については、２３２ページ以降で詳述）。

②政策勉強会

経営計画発表会は、その年度の方針を、社員と、金融機関やお取引いただいているお客様に向かって表明します。

これだけでは、社員にしか私の声が伝わらない。全従業員が時と場所を共にしなければ、同じ価値観を共有できません。

そこで、半期に1回（年2回開催）、アルバイトやパートを含めた全従業員に方針を発表する場を設けています。

それが**「政策勉強会」**です。

政策勉強会は、約500人が出席します。まずは全員で経営理念を唱和し、その後「環境整備表彰」「部門別成績優秀者」「永年勤続表彰」など、さまざまな表彰が行われます。表彰式で名前を呼ばれることが社員の励みにもなっています。

期中に方針変更を行った場合は、11月に行われる政策勉強会で発表します。

企業活動は、「現実の変化」「お客様の変化」「ライバルの変化」にいち早く対応していかなければいけません。したがって、期中に方針を大きく変更することがある。

幹部社員にのみ方針変更を伝えても、全従業員には伝わりません。なぜなら、「今度の方針は、こうなったよ」と部下に伝える殊勝《しゅしょう》な幹部は、わが社にはほとんどいないからです。ですから、全従業員が集まる政策勉強会でも発表しています。

③朝礼

「〈経営計画書〉を読んでおけ」と言ったところで、自発的に読む社員は武蔵野にはいない。そこで、**「朝礼」**で強制的に読ませます。

しかも、読む項目を決めておかないと、社員は「短いところ」しか読まないから、「○月○日は『お客様に関する方針』を読む。○月○日は『ライバルに関する方針』を読む。○月○日は『コミュニケーションに関する方針』を読む」といったように、「いつ、どの項目を読むか」を事業年度計画に明記しています（215ページ参照）。

④早朝勉強会

「早朝勉強会」（朝7時30分〜8時30分まで）は、自由参加という形式をとっていますが、出席状況に応じて賞与の人事評価に反映しています。

半期で「10回未満の参加」だと賞与の点数が下がるため、実際には、「強制的に出席させている」と言える。早朝勉強会は、すでに6000回を超えています。

朝7時30分から45分間（8時15分まで）は、「経営計画書」と『改訂3版　仕事ができる人の心得』（CCCメディアハウス）の内容について、私が解説を加えます。

私の説明を聞いただけで理解できるほど、わが社の社員は優秀ではありません。「教育」とは「教えて、育てる」ことですが、多くの会社が「教える」だけで「育てる」がない。ですから、意図的に「育てる」ように仕向けています。

8時15分から8時30分までの15分間は、この日取り上げた用語について、社員それぞれが「自分なりの考え」や、「気づいたこと」をコメントする時間です。

部下や同僚たちの「こう思いました」「こうやって成果を上げました」という発言を

聞いているうちに、自分では気がつかなかったことにも気づけるようになります。50人以上の社員が30秒以内でコメントすると25分かかるから、社員にストレスになっている。小さなストレスをかけているから、ノイローゼ、鬱《うつ》の社員が30年間ゼロです。

人間は、人から教えられるだけでは変われない。だから強制的に気づかせる。これが武蔵野の「育てる」しくみです。

「株式会社ワン・ツー・ストック」（運輸倉庫業）の児玉聖司社長は、「〈経営計画書〉と、経営計画発表会と、早朝勉強会をセット」にして、社長の方針を浸透させています。「〈経営計画書〉を読めば、会社のルールがわかります。ですが、目で文字を追うだけでは、私がどのような考えを持って方針をつくっているのかまではわからないと思うんです。ですから、経営計画発表会や早朝勉強会を開催して、『どういう経緯があってこの方針ができたのか』を社長が自ら説明することが大事だと思っています」

（児玉聖司社長）

⑤穴抜きテスト

「経営計画書」の方針が本当に理解されているかを測るために、**「穴抜きテスト」**を実施することがあります。

答案用紙には方針が記されており、文言の一部が空欄になっています。空欄に入る言葉を記入し終えたら、答案用紙を隣同士、あるいは前後で交換させます。そのあとで社員を起立させ、順番に答えさせていく。

ということは、「交換した人の答案用紙」を見て答えることになります。正解したら座ることができますが、間違えたら、再び問題に答えなければいけません。

答案用紙を交換する理由は、たとえ答えが間違っても、自分が間違えたわけではないので、立たされても恥ずかしくないからです。

こうして問題を解いていくうちに、立っている人も、座っている人も、方針が毛穴から吸い込まれていくわけです。

⑥「経営計画書」の転記

わが社は、新卒も中途も、入社時に**「経営計画書」を「全部転記する」**のが決まりです。

解説だけでは、「わかったつもり」で終わってしまいます。「経営計画書」を解説するだけでなく、転記＝書かせると自然と頭に入ります。

お坊さんが写経をしてお釈迦《しゃか》様の教えを学んだように、わが社も、「経営計画書」を写経（転記）する。転記は、最高の勉強です。

⑦「経営計画書」の回収

来期の経営計画書を配付するにあたって、古くなった経営計画書は回収します。なぜ回収するのか、潜在意識に刷り込まれた「古いこと」を捨てないと、新しいことを吸収できないからです。

「古いこと」をそのままにしておくと、すでにわかっているほうを選びたがります。そのほうがラクだからです。では、どうやって回収すればいいと思いますか?

絶対に回収できる方法があります。それは、「返却した社員に、3000円上げる」方法です。この方法なら、3000円に釣られて、わが社の社員はかならず返却します。現在は3000円は支給していません。

過去に、「経営計画書」をなくした役員・社員は、専務取締役の矢島茂人、大森隆宏部長(2回紛失)、野口智弘課長などたくさんいますが、最近はなくさなくなりました。なぜなら、「経営計画書」をなくすと罰金「10万円」だったからです。

野口智弘は、S評価が確定していたにもかかわらず、「経営計画書」と評価シートを両方なくしたことでD評価に落ちた。賞与はS評価の4分の1に減り、しかも罰金10万円まで取られたことがあります。

それ以降、野口は、「酔っ払って財布はなくしても、〈経営計画書〉はなくさない」ようになりました(現在、罰金制度はありません)。

経営計画発表会を行い、社長が自ら「方針」と「数字」を読み上げる

場所を変えないと、社員の意識は変わらない

毎年5月（わが社の期首）に、**「経営計画発表会」**を行い、私が自ら、今期の方針と数字について読み上げます。

第54期経営計画発表会に参加したのは、約1000人。全社員に加え、取引銀行（支店長クラス）を含む来賓と経営サポートパートナー会員をお迎えしています。

経営計画発表会は、自社内で行わず、ホテルを借りて行っています。1000人も

の参加者を収容するスペースがわが社にはない、という理由もありますが、一番の理由は、**「場所を変えないと、社員の意識は変わらない」**からです。

社員数が少なかったときや赤字のときは、公民館、貸し会場を借りたときもあります。そして、来賓をお招きする。そのほうが社員の気持ちも引き締まると思います。

また、普段スーツを着る機会のない社員には、スーツを着させる。身だしなみを整えるだけでも、社員の気持ちが変わります。

「経営計画書」には「配付先一覧表」が掲載されてあります（191ページ参照）。配布先一覧には取引先の金融機関名のほか、全社員の名前が「職責上位順」に明記されています。会場では、職責上位順に席に着きますが、当日まで、自分が何番か、わからないようにしています。

「株式会社レガシード」（コンサルティング事業）の近藤悦康社長は、「経営計画発表会を実施したことで、会社に一体感が生まれた」と話しています。

「経営計画発表会を開催したことで、数字や方針に対する理解も進みましたし、何よりも、『みんなで目標を達成していこう』という一体感が生まれたと思います。発表会が終わってから、あきらかに会社に変化が出てきました」（近藤悦康社長）

第1部は厳粛に、第2部は思いきりはしゃぐ

経営計画発表会は、第1部と第2部に分けて行います。

第1部は、経営計画の発表（数字と方針）が中心です。厳粛に、厳かに、緊張感をもって行います。第1部は、社長の独壇場です。発表した方針に対して、「社員からの質問」を受け付けてはいけません。頭のいい社員は、「社長が回答に窮《きゅう》する質問」をするからです。

以前、ある会社の専務に、「小山社長だけでなく、武蔵野の幹部社員にも話をさせたらいかがですか？」と言われたことがありますが、私は「ダメです」と即答しました。

なぜなら、わが社の矢島茂人（専務取締役）も、滝石洋子（常務取締役）も、私よ

り話が上手だから。彼らに話をさせたら、私の立場がない（笑）。

私は、何千人の前で講演をしても緊張することはありません。けれどそんな私が、1年に一度だけ緊張する時間がある。

それが、第1部の「来賓紹介」をするときです。銀行の支店長など、来賓のお名前を呼び間違えるわけにはいきませんから、このときばかりはさすがの私も緊張します。

第2部は、懇親パーティーです。仮装して踊ったり、早食い競争をしたりして、思いきりはしゃぎます。

来賓の方々に最後までおつき合いいただくのは申し訳ないから、第2部は、「1時間で中締めをする」と決めています。

【経営計画発表会式次第　第1部の構成　※株式会社武蔵野の場合】

一、経営理念・七精神唱和
一、開会宣言
一、来賓紹介
一、社長賞表彰
一、優秀社員賞表彰
一、経営計画発表
一、幹部決意表明
一、閉会宣言
一、ダスキン経営理念唱和

経営計画発表会の開始・終了は時間厳守を徹底

入念な準備によって「武蔵野時間」で進行する

武蔵野のイベントはすべて**「時間通りにはじまり、時間通りに終わる」**がルールです。これをホテルの従業員の人たちは**「武蔵野時間」**と呼んでいます。武蔵野時間は、時間がおすことは絶対にありません。

私も経営計画発表会の前には自宅でリハーサルを行い、実際に声を出して「経営計画書」を読みます。目で読むのと、声を出して読むのとでは時間が違うため、本番さながらに声を出しています。

そして、方針のページと目次のコピーに、「その方針を読むのに何分かかったか」「この方針を読み終えたときの通過時間は、何時何分か」を書き込んでいきます。列車のダイヤをつくるようなものです。

本番は、ダイヤを見ながら、「遅れているのか、進んでいるのか」を確認します。

昨年と異なる方針には蛍光ペンで印をつけておく。そうすれば、「時間が足りなくなったときに、どこを読み飛ばすか」が決まります。時間が足りなくなったときは、「前回と同じところ」は読み飛ばし、「変更点」（蛍光ペンで印をつけたところ）を中心に発表します。

私が発表に費やす時間は、1時間30分です。それ以上話をすると、社員も、来賓も飽きてしまいます。

また、解説が長いとお説教になり、場をしらけさせます。これから経営計画発表会を開いてみようと思っている社長や、人前で話すことに慣れていない社長は、発表する時間を「1時間以内」にしたほうが無難です。

「ダイヤ」をつくり、発表の時間を管理する

株式会社武蔵野の第45期経営計画発表にあたっての時間配分のメモ

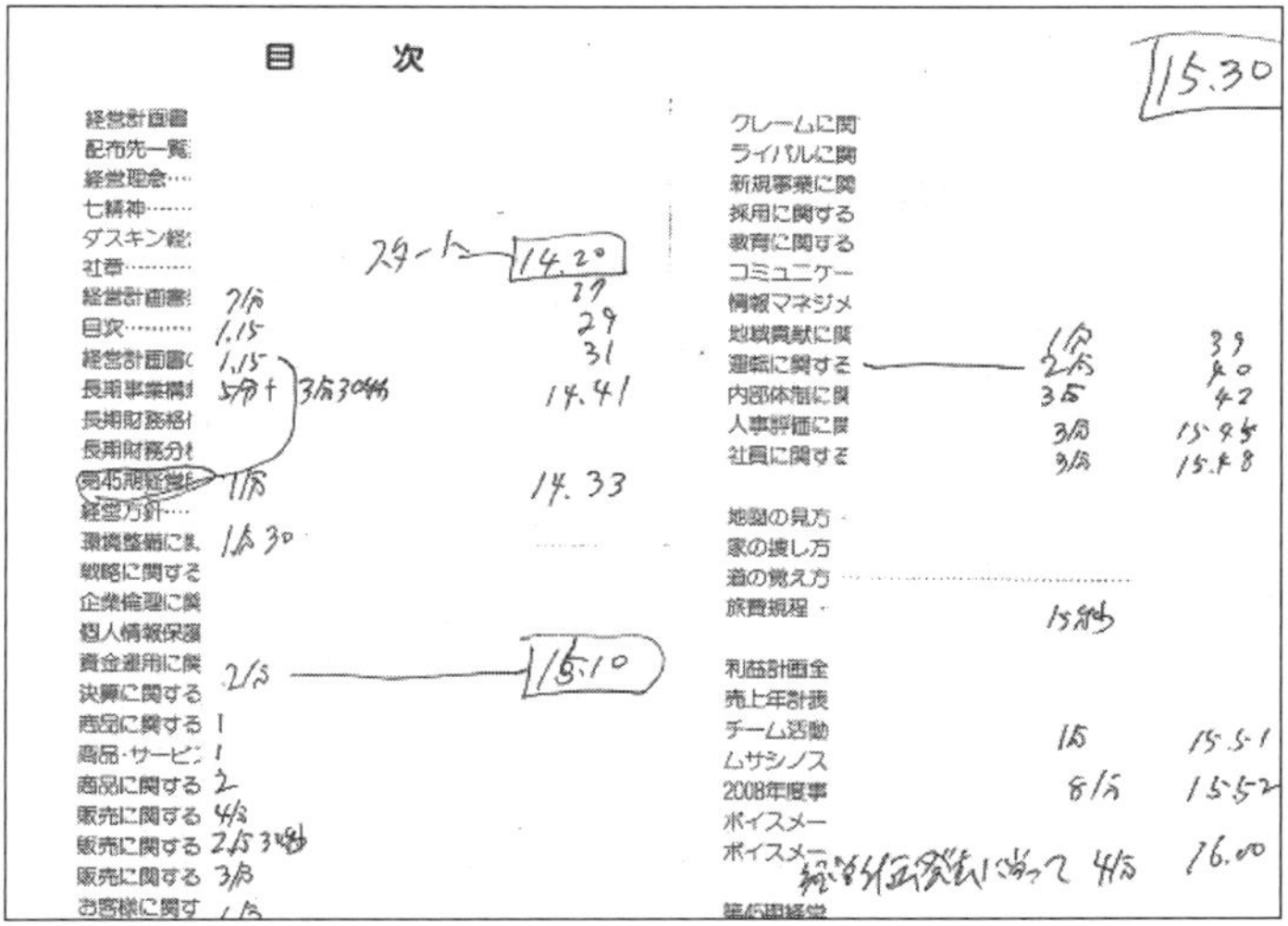

目次のコピーに
「その方針を読むのに何分かかったか」
「この方針を読み終えたときの通過時間は、何時何分か」
を書き込んでいく

マニュアル化で担当が誰でも発表会の運営ができる

経営計画発表会を取り仕切るのは、武蔵野の社員です。社員は大会準備委員長や司会を任されてもうろたえません。なぜなら、**式次第がマニュアル化されていて、仕事に人をつけている**からです。

フロアガイドのつくり方、写真撮影のタイミングや枚数、パーティーグッズの選び方、撤収のしかたまで細かくマニュアル化されていて、誰が担当でも運営できます。

半年前からの準備のしかたと、当日のタイムスケジュール（分単位）が細かく決められ、司会者の台本にはト書き（セリフ）まで詳しく書いてあり、読めばいいだけです。これまで、スピーチの内容を前回と変えた司会者はひとりもいません。

変えるのは、数字と固有名詞だけで、それさえも「数字と固有名詞は入れ替えること」と注意事項に明記しているため、間違えることはありません。

経営計画発表会終了後は、担当者が集まって改善点を洗い出し、翌年のマニュアルを修正します。こうすることで、マニュアルの精度が高まっていきます。

経営計画発表会には、銀行の支店長を招待する

「経営計画書」は融資を引き出す道具

わが社が最大で「22億円」も無担保で借りることができたのも、「経営計画書」と「経営計画発表会」と「社員」が、担保の代わりになったからです。

「経営計画書」は、金融機関にもお渡しします。

私が銀行訪問をするときは、同行する社員が毎月の実績を読み上げ、銀行の担当者に数字を記入していただきます。

銀行の融資担当者が本店に稟議《りんぎ》を上げるとき、「経営計画書」のコピーは本店の審査部に渡ります。稟議を上げた融資担当者が手書きで記入した「経営計画書」の数字は、審査部からも信用されやすい。

また、「経営計画書」には「支払利子年計表」が掲載されています。この年計表を見ると、武蔵野が年間でいくら利子を払っているかがわかります。この数字を見た銀行の担当者は、「武蔵野にお金を貸したい」と思います。

融資をして武蔵野のメイン銀行になれば、社員の給与振込口座も移ります。社員は、給与振込口座から公共料金などを引き落とすため、銀行には多額の手数料が入る。住宅の購入を考えている社員は、給与振込口座のある銀行にローンの相談をする。武蔵野のメイン銀行になれば、その銀行の成績も上がる。

「経営計画書」は銀行の信用を得るための、そして、融資を引き出すための道具です。

銀行を招待する3つの理由

経営計画発表会に銀行を招待する理由は、大きく「3つ」あります。

理由① 支店長を「約3時間」拘束できる

社長が銀行を訪問しても、支店長と話せる時間はせいぜい数十分でしょう。ですが、経営計画発表会に招待すれば、約3時間、支店長を拘束できます。

理由② 嘘をつかない社長の姿勢を見ていただける

経営計画発表会は、私が自分の言葉で方針を読み上げます。もし読み上げる方針が嘘《うそ》だったら、社員は、「社長、嘘を言っているよ」「来賓や銀行の前では調子のいいことを言うんだよね」としらけたり、居眠りしたりします。

社長の方針を聞かずに居眠りをしている社員がいたら、銀行は「この会社はだらしない」と思い、お金を貸してはくれません。

社長は、経営発表会で嘘をつけない。ということは、支店長に「嘘をつかない社長の姿勢」を見てもらうことができます。

理由③　一丸となった社員の姿勢を見ていただける

経営計画発表会に出席するわが社の社員は、本番の前に入念なリハーサルを行います。「拍手のしかた」「唱和のしかた」「〈経営計画書〉を読むときの手の高さ」まで徹底して練習します。

一糸乱れぬ社員の姿勢、一枚岩になった社員の姿勢、一丸となった社員の姿勢を見れば、支店長も「この会社なら信用できる」と思ってくださります。

「株式会社イマージュ」（エステ）の鈴木一輝社長は、「経営計画発表会を開催すると、金融機関に信用していただける」と話しています。

「当社に男性社員は3人しかいません。女性ばかり150人の会社です。経営計画発表会では、150人の女性が一糸乱れぬ動きを見せてくれます。全員が女性というのは華やかで、凛々《りり》しくて、圧巻です。金融機関の方々も衝撃を受けるようです。社長の私はイケイケ、ドンドンでいい加減ですけど（笑）、経営計画発表会を見ていただければ、この会社を支えてくれているのは間違いなく、この場にいる社員であることを

わかっていただけます」（鈴木一輝社長）

「有限会社グローカル」（ハンコ印刷スピード卸売センター運営）の青野真介社長（元武蔵野社員）は「社員がひとりしかいない」にもかかわらず、経営計画発表会を開催したことがあります。

「3人いた社員のうち、2人が辞めてしまって、残った社員はひとりだけ。それでも経営計画発表会を開いたんです。社員はひとりだけですから、2列目以降は全員、外野です（笑）。

社員がたったひとりでも、経営計画発表会をやるのとやらないのでは、銀行の評価が違います。

今年の経営計画発表会には、銀行の支店長が来てくださいました。経営計画発表会の翌日に銀行にご挨拶にうかがうと、支店長室に通していただき、快く対応してくださいました。経営計画発表会を開催すると金融機関からの信用を得やすいと感じています」（青野真介社長）

■著者紹介

小山 昇（こやま のぼる）

株式会社武蔵野 代表取締役社長。

1948年山梨県生まれ。東京経済大学を卒業し、日本サービスマーチャンダイザー株式会社（現在の株式会社武蔵野）に入社。一時期、独立して自身の会社を経営していたが、1987年に株式会社武蔵野に復帰。1989年より社長に就任して現在に至る。「大卒は２人だけ、それなりの人材しか集まらなかった落ちこぼれ集団」を毎年増収の優良企業に育てる。

2001年から中小企業の経営者を対象とした経営コンサルティング「経営サポート事業」を展開。700社以上の会員企業を指導しているほか、「実践経営塾」「実践幹部塾」「経営計画書セミナー」など、全国各地で年間240回の講演・セミナーを開いている。

1999年度「電子メッセージング協議会会長賞」、2001年度「経済産業大臣賞」、2004年度、経済産業省が推進する「IT経営百選最優秀賞」をそれぞれ受賞。2000年、2010年には「日本経営品質賞」を受賞している。

主な著書に「社長の決定シリーズ」の『経営計画は１冊の手帳にまとめなさい』『本当に儲ける社長のお金の見方』『絶対に会社を潰さない強い社員の育て方』『右肩下がりの時代にわが社だけ「右肩上がり」を達成する方法』（以上、KADOKAWA）、『残業ゼロがすべてを解決する――ダラダラ社員がキビキビ動く９のコツ』（ダイヤモンド社）など多数。

利益《りえき》を最大《さいだい》にする最強《さいきょう》の経営計画《けいえいけいかく》

2018年3月16日　初版発行

著者／小山《こやま》 昇《のぼる》

発行者／川金 正法

発行／株式会社KADOKAWA
〒102-8177　東京都千代田区富士見2-13-3
電話 0570-002-301(ナビダイヤル)

印刷所／文唱堂印刷株式会社

KADOKAWAカスタマーサポート
［電話］0570-002-301（土日祝日を除く11時～17時）
［WEB］https://www.kadokawa.co.jp/（「お問い合わせ」へお進みください）
※製造不良品につきましては上記窓口にて承ります。
※記述・収録内容を超えるご質問にはお答えできない場合があります。
※サポートは日本国内に限らせていただきます。

定価はカバーに表示してあります。

ISBN 978-4-04-602061-1　C0034